教育部中外语言交流合作中心2022年度国际中文教学
"国际中文教育讲好中国故事传播效能的实证研究"（编号：YHJACX22-002）。

教育教学中的评价与评估

李玉婷 ◎ 著

吉林出版集团股份有限公司

图书在版编目（CIP）数据

教育教学中的评价与评估 / 李玉婷著. — 长春：吉林出版集团股份有限公司，2024.7. — ISBN 978-7-5731-5428-6

Ⅰ.G4

中国国家版本馆CIP数据核字第2024ES7834号

教育教学中的评价与评估

JIAOYU JIAOXUE ZHONG DE PINGJIA YU PINGGU

著　　者	李玉婷
责任编辑	聂福荣
封面设计	林　吉
开　　本	787mm×1092mm　　1/16
字　　数	186千
印　　张	10
版　　次	2024年7月第1版
印　　次	2024年7月第1次印刷
出版发行	吉林出版集团股份有限公司
电　　话	总编办：010-63109269
	发行部：010-63109269
印　　刷	廊坊市广阳区九洲印刷厂

ISBN 978-7-5731-5428-6　　　　　　　　　　　定价：78.00元

版权所有　　侵权必究

前　言

在教育改革的浪潮中，评价与评估始终是引领和驱动教学变革的关键因素。随着教育理念的更新和教学方法的多样化，评价与评估的角色日益凸显，不仅是衡量学生学习成果和教师教学效果的标尺，更是推动教育教学不断改进和优化的动力。本书通过系统的理论阐述和丰富的实践案例，探讨了评价与评估在教育教学中的多方面表现，旨在为读者呈现一个全面深入的评价与评估视角，力求为教育工作者提供有力的理论支持和实践参考。

本书介绍了各种评价理论和评估方法，分析了它们的优缺点和适用范围，并展示了它们在教育教学中的具体应用。同时，也关注到了当前评价与评估面临的挑战和问题，并提出了相应的对策和建议，力求全面而准确地把握评价与评估的内涵和外延，深入探讨其理论基础和实践应用。希望通过这本书了解教育教学评价与评估的入门读物，能够引发更多人对教育教学评价与评估的关注和思考，共同推动教育教学质量的提升和创新发展。

最后，感谢所有为本书的撰写和出版付出辛勤努力的专家和学者，感谢他们对教育教学评价与评估领域的贡献和支持，希望本书能够为您带来启发和帮助。

李玉婷

2024年1月

目录

第一章 评价与评估概述 ··· 1
- 第一节 评价与评估的定义与区别 ····································· 1
- 第二节 评价与评估在教育教学中的重要性 ························ 6
- 第三节 现代评价与评估的理念 ·· 15

第二章 评价与评估的理论基础 ·· 23
- 第一节 认知发展理论与评价 ·· 23
- 第二节 学习风格与评价策略 ·· 31
- 第三节 行为主义与评估方法 ·· 39

第三章 学生评价与评估方法 ··· 47
- 第一节 形成性评价与诊断性评价 ···································· 47
- 第二节 总结性评价与档案袋评价 ···································· 55
- 第三节 观察评价与自我反思 ·· 64

第四章 教师评价与评估体系 ··· 75
- 第一节 教师教学能力的评价 ·· 75
- 第二节 教师课堂管理的评估 ·· 83
- 第三节 教师绩效评价的公平性 ······································· 90

第五章 课程评价与评估策略 ··· 99
- 第一节 课程目标的设定与评价 ······································· 99

第二节　课程内容的选择与评估 …………………………… 107

　　第三节　课程效果的评估与反馈 …………………………… 116

第六章　评价与评估中的沟通与合作 ………………………… 125

　　第一节　教师与学生之间的评价沟通 ……………………… 125

　　第二节　教师与教师之间的评估合作 ……………………… 132

　　第三节　学校与家长在评价中的合作 ……………………… 143

参考文献 ……………………………………………………………… 151

第一章　评价与评估概述

第一节　评价与评估的定义与区别

一、评价的基本定义

（一）概念与内涵

评价是对事物或现象的价值、意义、效果等进行判断和评估的过程。在教育领域，评价特指对教育教学活动及其结果进行的系统、全面、客观的价值判断。评价不仅关注学生的学习成果，还关注学生的学习过程、学习态度、学习方法等多个方面，旨在促进学生的全面发展，提高教育教学质量，具有明确的目的性和导向性。

在教育教学中，评价具有多种功能。首先，评价可以帮助学生了解自己的学习情况，发现自己的优点和不足，为今后的学习提供指导。其次，评价可以帮助教师了解学生的学习效果，及时调整教学策略，提高教学效果。最后，评价还可以为教育管理者提供决策依据，促进教育教学的改进和发展。

（二）分类与形式

评价可以根据不同的标准和角度进行分类。从评价的时间节点来看，可以分为诊断性评价、形成性评价和终结性评价；从评价的主体来看，可以分为自我评价、同伴评价和教师评价等；从评价的方式来看，可以分为量化评价和质性评价等。

评价的形式也多种多样，包括笔试、口试、实践操作、作品展示、问卷调查等。不同的评价形式适用于不同的评价对象和评价内容。例如，笔试适用于对学生知识掌握情况的考查，口试适用于对学生口语表达能力和思维能力的考查，实践操作和作品展示则适用于对学生技能掌握情况和创新能力的考查。

（三）原则与标准

评价需要遵循一定的原则和标准。首先，评价应该遵循客观性原则，即评价过程应该客观公正、实事求是。其次，评价应该遵循发展性原则，即评价应该关注学生的全面发展，而不是仅仅关注学生的学习成绩。再次，评价应该遵循多元化原则，即评价应该采用多种评价方式和评价标准，以全面反映学生的学习情况。最后，评价应该遵循可操作性原则，即评价过程应该易于操作和实施，方便教师和学生使用。

评价标准也应该具有科学性和合理性，应根据教育教学目标和学生的实际情况来制定，既要考虑到学生的共性需求，也要考虑到学生的个性差异。同时，评价标准应该具有可测量性和可比较性，以便于对学生的学习情况进行量化分析和比较。

（四）评价在教育教学中的作用与意义

评价在教育教学中具有重要的作用与意义。首先，评价是促进学生全面发展的重要手段。通过评价，学生可以了解自己的学习情况，发现自己的优点和不足，从而调整学习策略和方法，提高学习效果。其次，评价是改进教学的重要依据。通过评价，教师可以了解学生的学习效果和反馈情况，及时调整教学策略和方法，提高教学效果。最后，评价是教育管理者决策的重要参考。通过评价，教育管理者可以了解教育教学质量和效果，制定更加科学合理的教育政策和措施。

评价在教育教学中的作用和意义不可忽视，科学、全面、客观的评价过程可以促进学生的全面发展、提高教师的教学水平、推进教育教学的改进和发展。

二、评估的特定含义

（一）基本概念与特点

评估，作为一种特定的评价形式，指的是对某一事物、项目、政策或活动进行全面、系统、深入的分析和判断，以了解其效果、价值、可行性或影响等。在教育领域中，评估主要用于对教育政策、教育项目、教育资源和教育质量等方面的分析和评价。评估的核心特点在于其深入性、系统性和全面性，它不仅仅是对结果的简单判断，更是对过程、条件、影响等多方面因素的综合考量。

在教育评估中，我们关注的是教育活动的实际效果、教育资源的有效利用、教育政策的合理性和教育质量的提升等方面。评估的目的是发现问题、改进工作、提高效益，并为未来的决策提供科学依据。评估通常需要进行详细的数据收集、分析和解读，以确保评估结果的客观性和准确性。

（二）类型与范围

评估的类型多种多样，根据评估的对象、目的和方法的不同，可以将其分为不同的类型。在教育领域中，常见的评估类型包括教育政策评估、教育项目评估、教育资源评估、教育质量评估等。这些评估类型各有侧重，但都旨在通过科学的方法和手段对教育活动进行全面、深入的分析和评价。

评估的范围也非常广泛，它可以涵盖教育的各个方面和各个环节。例如，在教育政策评估中，我们需要对教育政策的制定、实施、效果和影响等方面进行评估；在教育项目评估中，我们需要对项目的目标、计划、实施和成果等方面进行评估；在教育资源评估中，我们需要对教育资源的配置、利用和管理等方面进行评估；在教育质量评估中，我们需要对教育教学过程、学生发展、教师素质等方面进行评估。

（三）原则与方法

评估需要遵循一定的原则和方法，以确保评估的客观性、科学性和有效性。

在评估原则方面，我们需要遵循客观性原则、公正性原则、全面性原则、系统性原则和可操作性原则等。这些原则为我们提供了评估的基本准则和指导思想。

在评估方法方面，我们需要采用多种方法和技术手段进行评估。常用的评估方法包括问卷调查法、访谈法、观察法、实验法、文献分析法等。这些方法各有特点，我们需要根据评估对象和目的的不同进行选择和运用。同时，我们需要借助一些技术手段和工具进行数据分析和解读，如统计软件、数据挖掘技术等。

（四）评估在教育改革与发展中的作用

评估在教育改革与发展中发挥着重要作用。首先，评估可以为教育决策提供科学依据。通过对教育政策、项目、资源和质量等方面的评估，我们可以了解教育活动的实际效果和问题所在，为教育决策提供有力支持。其次，评估可以促进教育质量的提升。通过评估，我们可以发现教育教学中的问题和不足，提出改进建议和措施，推动教育质量不断提高。最后，评估可以推动教育改革的深入发展。评估可以揭示教育改革的成果和挑战，为改革的深入推进提供方向和指导。同时，评估可以促进教育创新和实践的探索，为教育改革注入新的活力和动力。

总之，评估作为一种特定的评价形式，在教育领域中具有重要的作用和意义。通过科学、全面、深入的评估过程，我们可以更好地了解教育活动的实际情况和问题所在，为教育改革和发展提供有力支持。

三、评价与评估的区别

（一）概念与范畴的异同

评价与评估虽然在概念上有所重叠，又具有各自独特的范畴。评价是一个相对宽泛的概念，它可以涵盖多个方面，如教育评价、经济评价、社会评价等。评价通常侧重于对事物或现象的价值、意义、效果等进行总体判断，更多地关注结果和目标的达成情况。评估往往具有更强的针对性和专业性，如教育评估、项目评估、政策评估等。评估更具体地指向对某一特定事物、项目、政策或活动的全面、系统、深入的分析和判断，它更多地关注对过程、条件、影响等细节方面的考量。

在教育领域中，评价与评估的异同点表现得尤为明显。教育评价通常关注学生的学习成果、教师的教学质量、学校的整体办学水平等方面，而教育评估则可能针对某一具体的教育项目、政策或改革措施进行深入分析和评估。教育评价更注重结果的总体判断，而教育评估更注重过程的分析和判断。

（二）目的与功能的异同

评价与评估在目的和功能上也有所不同。评价的主要目的是对事物或现象的价值、意义、效果等进行总体判断，为决策提供依据和参考。评价的功能主要体现在对结果的总结、反馈和激励上，它可以帮助人们了解事物的实际情况，发现问题和不足，为改进和发展提供方向。

评估的目的则更侧重于对事物或项目的全面、系统、深入的分析和判断，以了解其效果、价值、可行性或影响等。评估的功能主要体现在对过程的监测、控制和优化上，它可以帮助人们深入了解事物的内在机制和运行规律，为决策提供更加科学、合理的依据。

在教育领域，评价与评估的目的和功能也有所不同。教育评价的主要目的是了解学生的学习成果、教师的教学质量、学校的整体办学水平等方面的情况，为教育决策提供依据和参考。教育评估则可能针对某一具体的教育项目、政策或改革措施进行深入分析和评估，以了解其实际效果和影响，为教育决策提供更加科学、合理的依据。

（三）方法与手段的异同

评价与评估在方法和手段上也有所不同。评价通常可以采用多种方法和手段进行，如问卷调查、访谈、观察、测试等。这些方法可以帮助我们收集关于事物或现象的全面、客观的信息和数据，为评价提供有力支持。评价的方法和手段往往比较灵活多样，可以根据实际情况进行选择和应用。

评估则需要采用更加系统、科学的方法和手段进行。评估通常需要建立明确的评估指标体系，采用多种评估方法和技术手段进行数据收集和分析。评估过程中还需要运用统计学、心理学、社会学等多学科的知识和方法，以确保评估结果的客观性和准确性。

在教育领域，评价与评估的方法和手段也有所不同。教育评价可以采用多种方法和手段，有考试、作业、课堂观察等。教育评估方法和技术手段有问卷调查、访谈、实地观察等。

（四）应用与影响的异同

评价与评估在应用和影响上也有所不同。评价的应用范围相对较广，可以应用于各个领域和方面。评价结果通常可以为决策提供依据和参考，对事物或现象的发展和改进产生一定的影响。然而，评价的影响往往比较间接和广泛，需要结合实际情况进行具体分析和评估。

评估的应用则更加具体和深入。评估结果通常可以为某一特定事物、项目、政策或活动的决策提供更加科学、合理的依据。评估的影响也更加直接和具体，可以直接作用于事物或项目的改进和发展。

在教育领域，评价与评估的应用和影响也有所不同。教育评价的结果可以为教育决策提供依据和参考，对教育教学改革和发展产生一定的影响。教育评估则可以直接作用于某一具体的教育项目、政策或改革措施，为其改进和发展提供科学、合理的依据。通过教育评估，我们可以深入了解教育项目的实际情况和问题所在，提出具体的改进建议和措施，推动教育项目的优化和发展。

第二节 评价与评估在教育教学中的重要性

一、增强学生的学习动力

（一）目标设定与自我激励

学习动力是学生在学习过程中的重要推动力，而目标设定与自我激励是其核心要素之一。当学生明确自己的学习目标时，就能够更加专注和投入地学习，因为目标为他们的学习提供了方向和动力。这种目标不仅仅是教师为学生设定的，更重要的是学生自我设定的。当学生能够主动设定并追求自己的目标时，他们的学习动力会得到极大的提升。

在实践中，教师可以通过多种方式帮助学生设定目标。例如，教师可以帮助学生制订个性化的学习计划，让学生明确自己的学习目标和期望成果。教师也可以鼓励学生进行自我反思，让他们思考自己的学习需求和兴趣，从而设定更符合自己实际的目标。此外，教师还可以引导学生将长期目标分解为短期目标，以便更好地监控和实现。

自我激励是目标设定后的重要环节。当设定了目标后，学生需要不断地激励自己，保持对学习的热情和动力。教师可以通过多种方式来激发学生的自我激励能力。例如，教师可以给予学生正面的反馈和鼓励，让他们感受到自己的进步和成就。同时，教师可以引导学生建立积极的自我认知，让他们相信自己有能力实现目标。此外，教师还可以帮助学生制定奖励机制，让他们在实现目标后获得一定的奖励，从而增强自我激励的效果。

（二）兴趣培养与探索欲望

兴趣是学生学习的重要动力源泉。当学生对学习内容感兴趣时，他们会更加主动地投入学习，积极探索和发现新知识。因此，培养学生的兴趣是提升学生学习动力的重要途径。

在实践中，教师可以通过多种方式培养学生的兴趣。首先，教师可以关注学生的学习需求和兴趣点，根据学生的实际情况选择适合的教学内容和教学方法。其次，教师可以采用多样化的教学手段和工具，如多媒体教学、实验教学等，激发学生的学习兴趣和好奇心。最后，教师还可以组织各种课外活动和实践项目，让学生有机会亲身体验和感受学习的乐趣和价值。

除了培养学生的兴趣外，教师还可以激发学生的探索欲望。当学生对某个领域或问题产生好奇心时，他们会主动地去探索和研究。因此，教师可以通过提出有趣的问题或挑战来激发学生的探索欲望。同时，教师可以为学生提供丰富的资源和材料，让他们有更多的机会去接触和了解新知识。

(三)学习环境与氛围营造

学习环境与氛围对学生的学习动力有着重要影响。一个积极、和谐、有趣的学习环境能够激发学生的学习热情和动力,让他们更加愿意投入学习。

在实践中,教师可以通过多种方式营造积极的学习环境。

首先,教师可以关注学生的情感需求和心理状态,为学生提供支持和帮助,让他们感受到教师的关心和关爱。

其次,教师可以通过良好的师生关系和生生关系的建立,让学生在轻松、愉快的氛围中学习。

最后,教师还可以利用教室空间和环境资源来营造有趣的学习氛围,如布置温馨的教室、摆放有趣的学习用品等。

除了营造积极的学习环境外,教师还需要关注学生的学习状态和需求。当学生遇到困难或问题时,教师应及时给予帮助和支持,让他们感受到教师的关注和支持。同时,教师应鼓励学生之间的交流和合作,让他们相互学习和帮助。

(四)学习成果与反馈机制

学习成果与反馈机制也是提升学生学习动力的重要因素之一。当学生看到自己的学习成果和进步时,会更加有动力去学习。同时,及时的反馈机制能让学生及时了解自己的学习情况和问题所在,从而更好地调整学习策略和方法,增强学习动力。

在实践中,教师可以通过多种方式展示学生的学习成果。例如,教师可以定期组织学生展示自己的作品或成果,让学生感受到自己的进步和成就。同时,教师可以将学生的作品或成果进行展示和分享,让更多的人了解和欣赏学生的努力和成果。

除了展示学习成果外,教师还需要建立及时的反馈机制。当学生完成学习任务或作业时,教师应及时给予反馈和评价,让学生及时了解自己的学习情况和问题所在。同时,教师应鼓励学生之间互相评价,并给予反馈,让他们相互学习和帮助。

二、帮助教师改进教学策略

(一)学生反馈与需求分析

学生反馈和需求分析是教师改进教学策略的重要基础。通过收集学生的反馈,教师可以了解学生对当前教学策略的接受程度、存在的问题以及他们的学习需求。这种反馈信息是调整和改进教学策略的直接依据,有助于教师更加精准地把握学生的学习状态,从而制订出更符合学生实际的教学策略。

在实践中,教师可以通过多种方式收集学生的反馈。例如,教师可以定期组织学生进行学习体验的问卷调查,或者在课堂上设立反馈环节,让学生及时表达自己的想法和感受。此外,教师还可以利用课后时间与学生进行面对面交流,深入了解学生的学习需求和困惑。

在收集到学生的反馈后,教师需要对这些信息进行仔细的分析和整理。首先,教师需要识别出学生反馈中的共性问题,这些问题往往反映了教学策略中的不足或缺陷。其次,教师需要分析学生的学习需求,了解他们希望从教学中获得什么。最后,教师需要将这些分析结果整合起来,为制订新的教学策略提供有力的支持。

(二)教学反思与经验总结

教学反思和经验总结是教师改进教学策略的关键环节。通过反思自己的教学过程和效果,教师可以发现自己在教学中存在的问题和不足,从而有针对性地改进。同时,通过总结自己的教学经验,教师可以提炼出有效的教学策略和方法,为今后的教学提供借鉴和参考。

在教学实践中,教师可以通过多种方式进行教学反思。首先,教师可以在每次教学结束后对自己的教学过程进行回顾和总结,分析教学中的优点和不足。其次,教师可以互相交流和分享,借鉴他人的教学经验和策略。最后,教师可以参加教学研讨会或培训活动,学习新的教学理念和方法。

在经验总结方面,教师需要将自己的教学经验进行系统的整理和归纳。首先,教师可以将自己的教学案例进行整理和分类,提炼出成功的教学经验和策略。其次，教师可以将自己的教学反思进行整理和总结，形成自己的教学观点和理念。最后，教师可以将自己的教学经验和策略进行分享和传播，为其他教师提供借鉴和参考。

（三）教学策略的创新与尝试

教学策略的创新与尝试是教师改进教学策略的重要途径。随着教育理念和技术的不断发展，新的教学策略和方法不断涌现。教师需要保持敏锐的洞察力，积极了解和尝试新的教学策略，以便更好地满足学生的学习需求和提高教学效果。

在实践中，教师可以通过多种方式了解新的教学策略和方法。比如，关注教育领域的前沿动态和研究成果，了解最新的教学理念和技术；参加教学研讨会或培训活动，学习新的教学策略和方法借鉴其他老师教学经验和策略。

在尝试新的教学策略时，教师需要保持谨慎和理性的态度。首先，教师需要充分了解新的教学策略的原理和操作方法，确保自己能够正确地理解和运用它。其次，教师需要在小范围内进行尝试和实验，观察其教学效果和学生的反应。最后，教师需要根据实验结果和学生反馈进行调整和改进，确保新的教学策略能够更好地适应学生的学习需求和提高教学效果。

（四）教学效果的评估与调整

教学效果的评估与调整是教师改进教学策略的必要环节。通过评估教学效果，教师可以了解教学策略的实际效果和影响，从而判断其是否有效和可行。同时，通过调整教学策略，教师可以进一步优化教学效果，提高学生的学习成绩和满意度。

在实践中，教师可以通过多种方式评估教学效果。首先，教师可以通过学生的学业成绩和表现来评估教学效果。其次，教师可以通过学生的反馈和满意度来评估教学效果。最后，教师可以利用教学评估工具和方法进行定量或定性的评估。

在评估结果出来后，教师需要根据评估结果进行调整和改进。如果教学策略取得了良好的效果，教师可以继续沿用并进一步完善它；如果教学策略存在问题或不足，教师需要及时进行调整和改进。在调整和改进教学策略时，教师需要充分考虑学生的需求和反馈，确保新的教学策略能够更好地满足学生的学习需求和提高教学效果。

三、支持教育决策的科学性

（一）数据收集与分析的重要性

在支持教育决策的科学性方面，数据收集与分析是至关重要的一环。数据是决策的基础，只有通过全面、准确的数据收集，我们才能对教育的各个方面都有深入的了解和把握。数据分析则能够帮助我们揭示数据背后的规律和趋势，为决策提供科学依据。

首先，数据收集要具有全面性和系统性。这意味着我们需要从多个角度、多个层面收集数据，包括学生的学习成绩、教师的教学行为、学校的资源投入等。同时，数据收集需要遵循一定的规范和标准，确保数据的准确性和可靠性。

其次，数据分析要具有科学性和深度。我们需要运用统计学、教育学等多学科的知识和方法对数据进行深入的分析和挖掘。通过数据分析，我们可以发现教育中存在的问题和不足，预测未来的发展趋势，为决策提供更加科学的依据。

在实践中，数据收集与分析可以通过多种方式进行。例如，可以利用学校的信息管理系统、在线教育平台等工具，收集学生的学习数据和教师的教学数据；可以通过问卷调查、访谈等方式，了解学生和家长对教育服务的满意度和需求；还可以通过观察、实验等方法，获取更加真实、生动的教育现场数据。

（二）量化评估与质性研究的结合

在支持教育决策的过程中，量化评估与质性研究的结合是非常重要的。量化评估能够提供客观、可比较的数据支持，而质性研究则能够揭示教育现象背后的深层次原因和机制。只有将两者结合起来，才能形成全面、深入的教育决策依据。

量化评估通常通过收集和分析大量的数据来评估教育的效果和影响。例如，可以通过学生的学业成绩、教师的教学质量等量化指标来评估教育的成果。量化评估的优点在于能够提供客观、可比较的数据支持，有助于我们更加准确地了解教育的实际情况。

然而，量化评估也存在一些局限性，如无法揭示教育现象背后的深层次原因和机制。这时，质性研究就能够发挥重要作用。质性研究通常通过深入访谈、观察、文本分析等方式来探究教育现象背后的深层次原因和机制。质性研究的优点在于能够提供更加丰富、深入的信息，有助于我们更加全面地了解教育的实际情况。

在实践中，我们可以将量化评估与质性研究结合起来，形成互补的评估体系。例如，在评估某个教育政策的效果时，我们可以先通过量化评估来评估政策的整体效果和影响，然后再通过质性研究来深入探究政策背后的原因和机制，为政策的优化和改进提供更加科学的依据。

（三）多元利益相关者的参与与协作

在支持教育决策的过程中，多元利益相关者的参与与协作是非常重要的。教育决策不仅涉及学生和教师的利益，还涉及家长、学校、政府等多方面的利益。因此，我们需要充分考虑各方利益相关者的需求和利益，形成多方共同参与、协商的决策机制。

首先，我们需要建立有效的沟通渠道和平台，让各方利益相关者能够充分表达自己的意见和建议。例如，可以组织家长会、教师座谈会等活动，让家长和教师能够直接参与教育决策的讨论和制定。

其次，我们需要尊重各方利益相关者的利益和诉求，形成共识和合作。在决策过程中，我们需要充分考虑各方利益相关者的需求和利益，寻求各方之间的平衡和妥协。同时，我们需要建立有效的激励机制和约束机制，确保各方利益相关者能够积极参与决策过程并履行自己的责任和义务。

最后，我们需要加强多元利益相关者之间的协作和合作。在教育决策过程中，各方利益相关者需要相互支持、相互协作，共同推动教育决策的制定和实施。例如，学校可以与政府、企业等外部机构建立合作关系，共同开展教育项目和研究活动；教师可以与家长、学生等内部利益相关者建立紧密的联系和互动关系，共同促进学生的成长和发展。

（四）持续监测与评估机制

在支持教育决策的科学性方面，建立持续监测与评估机制是至关重要的。通过持续监测与评估，我们可以及时了解教育决策的实施情况和效果，发现问题和不足，并及时进行调整和改进。

首先，我们需要建立明确的监测指标和评估体系。监测指标应该涵盖教育的各个方面和环节，包括学生的学习成果、教师的教学行为、学校的资源投入等。评估体系则应该具有科学性和客观性，能够真实地反映教育的实际情况和效果。

其次，我们需要采用多种方法和手段进行监测和评估。除了传统的问卷调查、访谈等方法外，我们还可以利用现代信息技术手段，如大数据分析、人工智能等，对教育决策的实施情况进行实时监测和评估。

最后，我们需要建立有效的反馈机制和改进机制。在监测和评估过程中，我们需要及时收集和分析各方利益相关者的反馈意见，并根据反馈意见进行及时的调整和改进。同时，我们需要建立长期的跟踪和评估机制，对教育决策的长期效果和影响进行持续关注和评估。

四、优化教育资源配置

（一）明确教育资源配置的目标与原则

优化教育资源配置的首要任务是明确配置的目标和原则。其目标应当明确地指向提高教育质量、促进教育公平和满足社会发展需求，原则则包括公平性、效率性、可持续性和适应性等。

公平性要求教育资源配置尽可能地满足所有学生的基本学习需求，确保每个学生都能享有平等的教育机会。这需要通过合理的资源配置机制，缩小城乡、区域和学校之间的教育差距。

效率性则强调教育资源配置的效益最大化，即要在有限的资源条件下，通过科学规划和合理分配，使教育资源得到最有效的利用。这要求我们在配置资源时充分考虑不同学校、不同学科和不同学生的实际需求，避免资源的浪费和重复建设。

可持续性则要求教育资源配置考虑到长远的发展需要，确保教育资源的持续供给和稳定发展。这需要我们关注教育资源的更新、维护和升级，以及教育资源的循环利用和环境保护。

适应性则强调教育资源配置要能够适应社会发展和教育变革的需要，及时调整和优化资源配置方案。这需要我们密切关注教育发展的新趋势和新要求，以及学生和家长的新期待和新需求，确保教育资源配置的针对性和实效性。

（二）建立科学的资源配置机制

建立科学的资源配置机制是优化教育资源配置的关键，包括制定科学的资源配置标准，建立透明的资源配置流程和完善的资源配置监管体系。

制定科学的资源配置标准需要依据教育发展的实际情况和需要，明确各类学校、各类学科和各类学生的资源配置需求。同时，需要考虑资源的数量、质量、结构和分布等因素，确保资源的合理配置和有效利用。

建立透明的资源配置流程则需要明确资源配置的决策过程、分配过程和使用过程，确保资源配置的公开、公平和公正。这需要我们建立规范的决策程序、分配程序和使用程序，并加强信息公开和透明度建设，让各方利益相关者都能够了解资源配置的情况和结果。

完善的资源配置监管体系则需要对资源配置的全过程进行监督和评估，确保资源配置的合法性和合规性。这需要我们建立专门的监管机构或委员会，对资源配置的各个环节进行监督和检查，并及时发现和纠正问题。

（三）加强教育资源的共建共享

加强教育资源的共建、共享是优化教育资源配置的重要途径。通过共建、共享，学校可以充分利用各种社会资源，提高教育资源的利用效率和效益。

在共建方面，学校可以积极争取政府、企业、社会组织等各方面的支持和参与，共同建设各种教育资源库、教学平台和实验基地等。这不仅可以减轻学校的负担，还可以提高教育资源的质量。

在共享方面，学校之间可以加强合作和交流，推动优质教育资源的共享和流动。例如，可以建立校际联盟或教育集团，共同开发和使用优质课程资源、教学软件等。这不仅可以提高学校的教学水平和质量，还可以促进学校之间的优势互补和共同发展。

（四）提高教育资源的使用效率

提高教育资源的使用效率是优化教育资源配置的重要目标。通过提高资源的使用效率，我们可以使有限的教育资源发挥更大的作用和价值。

首先，我们需要加强对教育资源的管理和维护，确保资源的完好性和可用性。这包括加强设备的维修和保养、加强图书的更新和整理等。只有确保资源的完好性和可用性，才能使其得到充分的利用和发挥。

其次，我们需要加强教师的培训和教育，提高他们使用教育资源的能力和水平。教师可以通过参加各种培训和学习活动，了解最新的教育理念和教学方法，掌握各种教育资源的使用方法和技巧。这不仅可以提高教师的教学水平，还可以使教育资源得到更好的利用和发挥。

最后，我们需要加强学生的自主学习和探究能力的培养，引导他们积极利用教育资源进行自我学习和探究。学生可以通过各种途径获取教育资源，如阅读图书、观看视频、参加在线课程等。这不仅可以提高学生的学习效率和兴趣，还可以培养他们的自主学习能力和创新能力。

第三节　现代评价与评估的理念

一、以学生为中心的评价理念

（一）尊重学生的主体性和个性差异

以学生为中心的评价理念首先体现在对学生的主体性和个性差异的尊重

上。传统评价往往过分强调教师的权威和标准化的答案，忽视了学生的主动性和多样性，现代评价则将学生视为学习的主体，认为每个学生都是独一无二的个体，拥有不同的兴趣、能力和学习风格。

在评价过程中，现代评价尊重学生的主体性和个性差异，鼓励学生发挥自己的主观能动性，积极参与评价过程。评价不再是单向的教师对学生的评价，而是双向的、互动的过程。学生可以通过自我评价、同伴评价等方式，参与到评价活动中来，更加全面地了解自己的学习情况和发展状况。

同时，现代评价注重对学生个性差异的关注。评价内容、评价方法和评价标准都需要根据学生的个体差异进行调整，以更好地满足学生的需求和发展。这种个性化的评价方式有助于激发学生的学习兴趣和积极性，促进学生的全面发展。

（二）关注学生的学习过程和发展变化

以学生为中心的评价理念还体现在对学生学习过程和发展变化的关注上。传统评价往往只关注学生的学习结果，以分数和等级为评价的唯一标准。现代评价则更加注重学生的学习过程和发展变化，认为学习是一个持续的过程，学生的成长和发展需要时间和空间的积累。

在评价过程中，现代评价关注学生的学习态度、学习方法和学习策略等方面的表现。评价不仅关注学生的学习结果，更关注学生在学习过程中所表现出的思考、探究、合作等能力。这种关注学习过程的评价方式有助于帮助学生发现自己的优势和不足，调整学习策略和方法，提高学习效果。

同时，现代评价关注学生的发展变化。评价不仅关注学生在某一阶段的表现，更关注学生在整个学习过程中的成长和进步。评价结果不再是一成不变的，而是根据学生的发展变化进行调整和更新的。这种关注发展变化的评价方式有助于激励学生不断进步和成长。

（三）强调评价的激励和导向作用

以学生为中心的评价理念还强调评价的激励和导向作用。传统评价往往只关注评价的筛选和选拔功能，将评价作为划分学生优劣和奖惩的依据。现代评价则更加注重评价的激励和导向作用，认为评价应该成为促进学生发展的动力。

在评价过程中，现代评价注重对学生的正面激励和肯定。现代评价通过及时的评价反馈和正面的评价语言，鼓励学生发挥自己的优势和特长，激发学生的学习动力和自信心。同时，现代评价注重评价的导向作用。评价不仅是对学生过去表现的总结和评价，更是对学生未来发展方向的指导和引领。通过评价结果的反馈和分析，现代评价可以帮助学生明确自己的发展目标和方向，制订个性化的学习计划和策略。

（四）促进师生之间的沟通与互动

以学生为中心的评价理念还强调促进师生之间的沟通与互动。传统评价往往只关注教师对学生的单向评价，缺乏师生之间的有效沟通和互动。现代评价则更加注重师生之间的双向沟通和互动，认为评价应该是师生共同参与、共同发展的过程。

在评价过程中，现代评价鼓励师生之间的有效沟通和互动。教师可以通过评价了解学生的学习情况和需求，及时调整教学策略和方法；学生也可以通过评价向教师表达自己的困惑和想法，获得教师的指导和帮助。这种双向沟通和互动的评价方式有助于加深师生之间的理解和信任，建立良好的师生关系，提高教学效果和学习效果。

二、多元智能理论在评价中的应用

（一）对评价理念的革新

多元智能理论由哈佛大学教授霍华德·加德纳提出，它打破了传统教育评价中以语言和数学智能为核心的观念，提出了人类至少存在七种智能方式，包括语言智能、逻辑数学智能、音乐智能、身体运动智能、空间智能、人际智能和自我认识智能等。这一理论在评价中的应用，首先体现在对评价理念的革新上。

尊重差异：多元智能理论强调每个人的智能结构都是独特的，评价时应尊重个体差异，避免一刀切。这要求评价者更加关注每个学生的独特性和潜能，通过多样化的评价手段和方法，全面评价学生的各种智能。

强调全面发展：多元智能理论倡导学生的全面发展，评价应关注学生在多个智能领域的发展状况。这要求评价者不仅关注学生的学科成绩，还要关注学生在艺术、体育、社会实践等方面的表现，从而更全面地评价学生的综合素质。

注重过程评价：多元智能理论认为智能的发展是一个持续的过程，评价应关注学生的学习过程和发展变化。这要求评价者采用形成性评价和过程性评价的方式，及时关注学生的学习进展和困难，提供针对性的指导和帮助。

（二）在评价内容和方法上的拓展

多元智能理论在评价中的应用，还体现在对评价内容和方法上的拓展。

评价内容的多元化：多元智能理论要求评价内容涵盖学生的多个智能领域，包括学科知识、艺术素养、体育技能、社会实践等。这要求评价者设计多样化的评价任务和活动，让学生在不同的情境中展示自己的能力和潜力。

评价方法的多样化：多元智能理论倡导采用多样化的评价方法，包括观察记录、作品展示、口头报告、实际操作等。这些评价方法能够更全面地了解学生的智能结构和特点，更准确地评价学生的能力和表现。

整合性评价：多元智能理论强调评价的整合性，即将各种评价方法和手段整合起来，形成一个综合的评价体系。这要求评价者根据评价目标和内容，选择适当的评价方法和途径，并进行有效的整合和协调，以全面评价学生的智能结构和能力表现。

（三）在评价实践中的挑战与应对

虽然多元智能理论在评价中的应用具有许多优势，但在实践中也面临着一些挑战。

评价标准的制定：多元智能理论要求评价涵盖多个智能领域，但如何制定客观、公正、科学的评价标准是一个难题。评价者需要深入了解各种智能的特点和表现方式，结合实际情况制定符合要求的评价标准。

评价资源的整合：多元智能理论要求采用多样化的评价方法和途径，但如何整合各种评价资源也是一个难点。评价者需要充分利用各种评价工具和平台，进行有效的资源整合和共享，以提高评价的效率和质量。

评价结果的反馈与利用：多元智能理论要求关注学生的学习过程和发展变化，但如何有效反馈和利用评价结果也是一个重要问题。评价者需要及时将评价结果反馈给学生和教师，帮助他们了解自己的学习情况和教学效果，并制定相应的改进措施和计划。

（四）在评价中的未来展望

随着教育改革的不断深入和多元化智能理论的不断发展，多元智能理论在评价中的应用将越来越广泛和深入。

评价体系的完善：未来，随着对多元智能理论研究的深入和实践经验的积累，评价体系将进一步优化和完善，以更好地适应学生的全面发展和个性化需求。

评价技术的创新：随着信息技术的不断发展，评价技术将不断创新和进步。未来，我们可以利用大数据、人工智能等先进技术，实现对学生智能结构和能力表现的更精准的评价和预测。

评价文化的培育：未来，我们还需要进一步培育评价文化，让评价成为促进学生发展和教师成长的重要力量。通过加强对评价理念的宣传和教育，提高评价者的专业素养和能力水平，推动评价实践的不断发展和创新。

三、真实性评价与情境性评价

（一）概念及其重要性

真实性评价与情境性评价是现代教育评价领域中两个重要的概念。真实性评价强调在真实或模拟真实的情境中评价学生的表现，以反映学生在现实世界中运用知识与技能能力。情境性评价则侧重于在特定情境下对学生的表现进行观察和评价，以了解学生在不同情境下的适应能力和问题解决能力。

这两种评价方式的重要性在于它们能够提供更全面、更真实的评价信息，有助于教师更准确地了解学生的学习状况和发展潜力。

（二）实施策略

实施真实性评价与情境性评价需要制定具体的策略。首先，要设计具有真实性和情境性的评价任务。这些任务应该与学生的日常生活、学习和社会实践密切相关，能够让学生在完成任务的过程中展现自己的知识、技能和态度。其次，要选择合适的评价方法和工具。这包括观察记录、作品分析、口头报告、角色扮演等多种方法，以便从不同角度评价学生的表现。再次，可以利用现代技术手段，如虚拟现实、增强现实等，为学生创造更加真实和丰富的评价环境。最后，要注重评价过程的互动性和反馈性。评价者应该与学生保持密切的沟通和交流，及时给予反馈和指导，帮助学生发现问题并改进自己的学习。

（三）优势与挑战

真实性评价与情境性评价具有许多优势。首先，它们能够提供更真实、更全面的评价信息。在真实或模拟真实的情境中评价学生的表现，可以更加准确地反映学生的知识、技能和态度水平。其次，它们能够培养学生的实践能力和创新精神。通过完成具有真实性和情境性的评价任务，学生可以更加深入地理解知识、技能和态度的应用与价值，激发自己的实践能力和创新精神。然而，评价者在实施真实性评价与情境性评价时也面临一些挑战。首先，设计具有真实性和情境性的评价任务需要耗费大量的时间和精力。评价者需要充分了解学生的实际情况和需求，制订符合学生特点的评价计划。其次，评价过程需要更多的资源和支持。例如，为学生提供丰富的实践机会和真实的评价环境、利用现代技术手段为评价提供支持等。这些都需要学校和社会提供足够的支持和保障。

（四）在教育实践中的应用及未来展望

真实性评价与情境性评价在教育实践中已经得到了广泛的应用。例如，在科学实验课程中，教师可以设计具有真实性的实验任务，让学生在实验室中亲自操作并观察实验结果；在社会实践课程中，教师可以组织学生进行实地考察和调查研究，了解社会问题并提出解决方案。这些评价方式都有助于学生更好地理解和应用知识、技能和态度。未来，随着教育改革的深入和技术的进步，真实性评价与情境性评价将得到更加广泛的应用和发展。首先，随着对学生实践能力和创新精神培养的日益重视，真实性评价与情境性评价将成为教育评价的重要方向之一。其次，随着现代技术手段的不断进步和应用，真实性评价与情境性评价将越来越依赖于技术手段的支持和保障。例如，虚拟现实、增强现实等技术可以为学生创造更加真实和丰富的评价环境；大数据分析等技术可以对评价数据进行深入挖掘和分析，为评价提供更加精准和科学的支持。这些都将为真实性评价与情境性评价的发展提供更加广阔的空间和更多的机遇。

四、反馈驱动的学习评价

（一）概念及意义

反馈驱动的学习评价是一种强调评价过程中及时反馈以对学生学习产生积极影响的评价方式。在这种评价方式中，评价不仅是对学生学习成果的总结，更是促进学生进一步学习和发展的动力源。通过及时、具体、有针对性的反馈，学生能够明确自己的学习状况，了解自己的学习优点和不足，进而调整学习策略，提高学习效果。反馈驱动的学习评价对于激发学生的学习兴趣、培养学生的自主学习能力、提升教师的教学质量等都具有重要意义。

（二）实施策略

实施反馈驱动的学习评价需要遵循一定的策略。首先，评价反馈应及时。及时的反馈能够让学生在学习过程中保持高度的注意力和积极性，及时发现问题并寻求解决方案。其次，反馈应具体。具体的反馈能够让学生明确自己哪些方面做得好，哪些方面需要改进，从而更有针对性地调整学习策略。再次，反馈应具有针对性。针对不同学生的学习特点和需求，提供个性化的反馈，有助于更好地促进学生的发展。最后，反馈应具有激励性。正面的反馈能够激发学生的学习兴趣和自信心，而负面的反馈应以建设性的方式提出，帮助学生认识到问题所在并帮助他们寻求解决方案。

（三）优势与挑战

反馈驱动的学习评价具有显著的优势。首先，它能够提高学生的学习效果。通过及时反馈，学生能够及时了解自己的学习状况，调整学习策略，提高学习效率。其次，它能够激发学生的学习兴趣和积极性。正面的反馈能够增强学生的自信心和动力，促使学生更加主动地参与学习活动。最后，反馈驱动的学习评价还能够促进师生之间的有效沟通。通过反馈，教师能够更深入地了解学生的学习需求和问题，从而提供更有针对性的指导和帮助。

然而，反馈驱动的学习评价也面临着一些挑战。首先，如何确保反馈的及时性和具体性是一个难题。教师需要在繁忙的教学工作中抽出时间为学生提供及时的反馈，并确保反馈内容的具体性、有针对性。这需要教师具备较高的专业素养和时间管理能力。其次，如何平衡正面反馈和负面反馈也是一个需要关注的问题。过多的正面反馈可能会让学生产生自满情绪，而过多的负面反馈可能打击学生的自信心。因此，教师需要根据学生的实际情况和需求，恰当地运用正面和负面反馈。

（四）在教育实践中的应用及未来展望

在教育实践中，反馈驱动的学习评价已经得到了广泛的应用。教师可以通过课堂观察、作业批改、在线互动等方式为学生提供及时的反馈。同时，随着教育技术的不断发展，越来越多的在线学习平台和智能教学系统开始提供自动化的反馈服务，为教师和学生提供了更加便捷、高效的反馈方式。

未来，反馈驱动的学习评价将在教育领域中发挥更加重要的作用。随着教育改革的深入和技术的进步，评价将更加关注学生的个性化需求和发展潜力，而反馈驱动的学习评价正是实现这一目标的重要手段之一。未来，我们期待看到更多的教师和教育工作者能够掌握和应用反馈驱动的学习评价方法，为学生的全面发展提供更有力的支持。

第二章　评价与评估的理论基础

第一节　认知发展理论与评价

一、皮亚杰的认知发展阶段与评价

（一）理论概述

瑞士儿童心理学家让·皮亚杰（Jean Piaget）的认知发展理论是心理学领域中的一个重要理论，它详细阐述了儿童在不同年龄阶段所经历的不同的认知发展阶段。

皮亚杰认为，儿童的认知发展是一个连续的、不断建构的过程，涉及感知、思考、解决问题等多个方面。他的理论为教育工作者提供了宝贵的指导，能够帮助我们更好地理解儿童的认知特点，并据此制定合适的教育方法和评估策略。

（二）意义

在皮亚杰的认知发展理论的指导下，对儿童进行评价具有重要意义。首先，评价可以帮助我们了解儿童所处的认知发展阶段，从而为他们提供符合其发展水平的教学内容和方法。其次，评价可以揭示儿童在认知发展过程中存在的问题和不足，为教育工作者提供改进教学的依据。最后，评价还可以促进儿童自我认知的发展，帮助他们了解自己的学习特点和能力水平，从而更好地规划自己的学习路径。

（三）评价方法

在评价儿童的认知发展时，评价者可以借鉴皮亚杰的理论，采用多种评价方法。首先，观察法是一种直观、有效的评价方法，评价者可以通过观察儿童在日常生活和学习中的行为表现，来了解他们的认知发展水平。例如，观察儿童在解决问题时的思考过程、操作物体的方式等。其次，实验法也是一种常用的评价方法，评价者可以通过设计实验任务，让儿童在特定情境下展现自己的认知能力和特点。

例如，通过拼图游戏、分类任务等实验，来了解儿童的逻辑思维能力和分类能力。最后，还可以采用问卷调查、访谈等方法，收集家长、教师等对儿童认知发展的评价和反馈。

在评价过程中，需要注意以下几点：首先，评价应该具有针对性，根据儿童所处的认知发展阶段选择合适的评价方法和内容；其次，评价应该具有客观性，避免主观臆断和偏见；最后，评价应该具有连续性，评价者应定期对儿童进行评估，了解他们的认知发展动态。

（四）实践应用

皮亚杰的认知发展理论在实践中得到了广泛应用。在幼儿教育中，教育工作者可以根据儿童的认知发展阶段，设计符合其年龄特点的教学内容和活动。例如，在感知运动阶段（0~2岁），可以通过触摸、抓握等动作训练儿童的感知能力；在前运算阶段（2~7岁），可以通过故事、游戏等方式培养儿童的想象力和逻辑思维能力。同时，教育工作者可以利用皮亚杰的理论对儿童的认知发展进行评价，及时发现并解决问题。

在基础教育阶段，皮亚杰的理论同样具有重要的指导意义。教育工作者可以根据儿童的认知发展水平调整教学策略和方法，以满足不同学生的需求。例如，在具体运算阶段（7~11岁），可以加强数学和逻辑思维的教学；在形式运算阶段（11岁以上），可以注重培养学生的抽象思维和创新能力。此外，教育工作者还可以利用皮亚杰的认知发展理论设计个性化的学习路径和评估方案，以促进学生的全面发展。

二、维果斯基的最近发展区与评估

（一）理论概述

苏联心理学家维果斯基的最近发展区理论是教育心理学领域的一个重要理论，它强调了学生发展的动态性和潜在性。维果斯基认为，学生的发展存在两种水平：一种是学生的现有水平，即学生在独立活动中所能达到的解决问题的水平。另一种是学生可能的发展水平，即学生通过教学所获得的潜力。这两种水平之间的区域就是学生的最近发展区。最近发展区理论为评估学生的学习和发展提供了新的视角，强调评估应关注学生的潜在能力和发展动态。

（二）在评估中的意义

最近发展区理论在评估中具有重要意义。首先，它提示我们在评估学生时，不应仅关注其现有水平，而应更加关注其潜在能力和发展动态。这种评估方式更能全面、准确地反映学生的真实水平和发展潜力。其次，最近发展区理论强调评估的动态性和过程性，即评估应贯穿于学生的学习过程，关注学生在学习过程中的表现和发展。这种评估方式能够及时发现学生的问题和不足，为教师提供有针对性的教学指导。最后，最近发展区理论鼓励教师在评估中采用多元化的评估方法，如观察、测试、作品分析等，以全面了解学生的发展状况。

（三）在评估中的具体实践

在具体实践中，维果斯基的最近发展区理论可以应用于以下几个方面：

评估目标的设定：评估目标应基于学生的最近发展区，既要考虑到学生的现有水平，又要考虑到其潜在能力。评估目标应具有挑战性，能够激发学生的积极性和潜能。

评估内容的选择：评估内容应围绕学生的最近发展区展开，选择那些能够反映学生发展动态和潜在能力的任务和问题。评估内容应具有多样性，能够全面评估学生的知识、技能、情感态度等方面的发展。

评估方法的运用：评估方法应多元化，包括观察、测试、作品分析等。观察法可以了解学生在学习过程中的表现和发展；测试法可以评估学生对知识的掌握程度和解决问题的能力；作品分析法可以评估学生的创新思维和实践能力。

评估结果的反馈：评估结果应及时反馈给学生和教师，以便学生了解自己的发展状况和学习成果，教师则可以根据评估结果调整教学策略和方法。同时，评估结果可以作为学生自我评价和反思的依据，促进其自我认知的提升。

（四）在评估中的挑战与展望

尽管维果斯基的最近发展区理论在评估中具有重要的应用价值和意义，但其在实际操作中也面临着一些挑战。例如，如何准确判断学生的最近发展区、如何设计有效的评估任务和问题、如何运用多元化的评估方法等，这些都需要我们不断探索和实践。未来，随着教育技术的不断发展和评估方法的不断创新，我们可以期待最近发展区理论在评估中发挥更大的作用，为学生的全面发展提供更加有力的支持。

三、认知负荷理论在评价中的应用

（一）理论引入与评价需求

认知负荷理论作为教育心理学的一个重要分支，旨在研究人类在学习过程中的信息加工能力及其限制。该理论强调在设计和实施学习任务时，应充分考虑学习者的认知资源和认知负荷，以优化学习效果。在评价领域中引入认知负荷理论，是为了更好地评估学习任务的难度、学习者的认知投入，以及学习成果的质量。

首先，评价需求源于对学习者学习效率和效果的追求。通过认知负荷理论的指导，我们可以更加科学地评估学习任务是否超出了学习者的认知负荷水平，从而调整教学策略和教学方法，提高学习效果。其次，评价需求还体现在对学习过程和学习成果的全面把握上。通过评估学习者的认知负荷状态，我们可以了解他们在学习过程中的思维活动和学习状态，进而判断学习成果的真实性和可靠性。

（二）评价过程中的考量

在评价过程中，我们需要充分考虑认知负荷理论的指导作用。首先，在评价学习任务的难度时，我们应关注任务的信息量、复杂度和结构等因素，以确保任务难度适中，不会给学习者带来过大的认知负荷。其次，在评估学习者的认知投入时，我们可以通过观察学习者的学习行为、询问他们的学习感受、分析他们的学习成果等方式，了解他们在学习过程中的认知负荷状态。最后，在评价学习成果时，我们应结合学习者的认知负荷水平，判断其学习成果的真实性和可靠性，避免过高或过低的评价。

在评价过程中，我们还需要注意以下几点。首先，评价应具有客观性和公正性，避免主观臆断和偏见。其次，评价应具有可操作性和可衡量性，以便我们能够准确地评估学习者的认知负荷水平和学习成果的真实性、可靠性。最后，评价应具有连续性和动态性，以便我们能够及时了解学习者的学习状态和学习进展，为教学提供有针对性的指导。

（三）评价策略与优化

在评价过程中，我们可以采用多种策略来优化学习者的认知负荷。首先，我们可以通过调整学习任务的难度和复杂度来降低学习者的认知负荷。例如，对于初学者或认知水平较低的学习者，我们可以设计一些简单的任务来帮助他们掌握基础知识和技能；对于高级学习者或认知水平较高的学习者，我们可以设计一些具有挑战性的任务来激发他们的学习兴趣和潜力。

其次，我们可以通过提供适当的学习资源和支持来减轻学习者的认知负荷。例如，在学习过程中，我们可以为学习者提供清晰的学习目标和任务说明，帮助他们明确学习方向；我们还可以为学习者提供必要的学习材料和工具，如教材、参考书、在线资源等，以便他们随时查阅和学习。

最后，我们可以通过改变教学方法和策略来降低学习者的认知负荷。例如，直观的教学方式和生动的案例可以帮助学生更好地理解和掌握知识；分步骤、分阶段的教学方法可以帮助学生逐步深入学习内容，降低认知负荷。

（四）挑战与展望

尽管认知负荷理论在评价中具有重要的应用价值，但其在实际应用中也面临着一些挑战。首先，如何准确测量学习者的认知负荷水平是一个难题。目前常用的方法包括自我报告法、生理指标法等，但这些方法都存在一定的局限性。未来我们需要探索更加准确、可靠的测量方法。

其次，如何根据学习者的认知负荷水平调整教学策略和教学方法也是一个挑战。这需要教师具备较高的专业素养和教学能力，能够根据学习者的实际情况灵活调整教学策略和教学方法。未来我们需要加强教师培训和专业发展，提高教师的专业素养和教学能力。

最后，认知负荷理论在评价中的应用还需要进一步深入研究和探索。未来我们可以关注不同学科、不同年级、不同学习者群体的认知负荷特点及其影响因素；可以探索基于认知负荷理论的教学设计方法和评价工具；可以研究如何利用现代技术手段来降低学习者的认知负荷和提高学习效果等方面的问题。这些研究将有助于进一步完善认知负荷理论在评价中的应用体系。

四、认知灵活性理论对评价的启示

（一）评价焦点的转变：从知识掌握到能力发展

认知灵活性理论强调个体在面对复杂情境时，能够灵活地调整认知策略，运用已有知识解决新问题。这一理论启示我们在评价过程中，需要转变传统的以知识掌握为重点的评价焦点，转而关注学生能力的发展，特别是关注他们的问题解决能力和创新能力。

首先，认知灵活性理论提醒我们，知识是死的，而能力是活的。学生在学校不仅是学习书本知识，更重要的是学会如何运用知识，解决问题。因此，评价应更加注重学生是否能够将所学知识应用到实际问题中，是否能够在面对新问题时灵活地调整策略，寻找解决方案。

其次，评价应关注学生的创新能力。在认知灵活性理论的指导下，我们认识到创新能力是学生适应未来社会的重要能力之一。因此，评价应鼓励学生尝试新的思考方式，提出新的观点和方法，以培养学生的创新思维和创新能力。

在评价实践中，我们可以通过设计开放式问题、项目式学习等方式，让学生在解决问题的过程中展现自己的能力和思考过程。同时，我们可以通过学生自评、互评等方式，让学生参与评价过程，帮助他们了解自己的优点和不足，促进他们的自我提升。

（二）评价方法的创新：引入情境化和多元化的评价方式

认知灵活性理论强调学习的情境性和迁移性，即学生在不同情境下能够灵活地运用所学知识。因此，在评价过程中，我们应引入情境化和多元化的评价方式，以全面、准确地评价学生的能力发展。

首先，情境化的评价方式可以让学生在真实或模拟的情境中展现自己的能力和思考过程。通过创设与现实生活紧密相关的情境，让学生在解决问题的过程中运用所学知识，我们可以更加准确地了解学生的知识水平和问题解决能力。

其次，多元化的评价方式可以更加全面地评价学生的能力发展。除了传统的笔试和口试外，我们还可以采用案例分析、项目报告、实践操作等方式，让学生在不同形式的任务中展现自己的能力和思考过程。这种多元化的评价方式可以更加全面地了解学生的能力水平和特长，为他们的未来发展提供更有针对性的指导。

在评价实践中，我们可以通过设计多样化的评价任务和评价方式，让学生在不同的学习活动中展现自己的能力和思考过程。同时，我们可以通过多种评价方式的综合使用，相互印证评价结果，提高评价的准确性和可靠性。

（三）评价结果的解读：关注过程与成长

在认知灵活性理论的指导下，我们应更加关注评价结果的解读过程，关注学生的成长和进步过程,而非仅仅关注他们的最终成绩。

首先,我们应关注学生的问题解决过程。在评价学生的问题解决能力时,我们不仅要关注他们的最终答案是否正确,更要关注他们在解决问题的过程中的思考方式和策略选择。通过了解他们的解题过程,我们可以更加深入地了解他们的能力水平和思维特点,为他们的学习提供更有针对性的指导。

其次,我们应关注学生的成长和进步过程。在评价过程中,我们应关注学生的成长和进步过程,关注他们在不同学习阶段的表现和变化。通过对比不同时间点的评价结果,我们可以更加准确地了解学生的学习进步情况,为他们提供更加个性化的学习支持和帮助。

在评价结果的解读过程中,我们应采用积极、鼓励的态度,帮助学生了解自己的优点和不足,鼓励他们继续努力、不断进步。同时,我们应关注学生的学习态度和情感体验,为他们营造一个积极、健康的学习环境。

(四)评价体系的完善:促进评价与教学的相互融合

认知灵活性理论强调评价与教学的相互融合,认为评价应成为教学过程中的重要环节,为教学提供反馈和指导。因此,在完善评价体系的过程中,我们应注重促进评价与教学的相互融合。

首先,我们应建立评价与教学的紧密联系。在教学过程中,我们应关注学生的学习情况和问题,及时调整教学策略和方法,以满足学生的学习需求。同时,我们应将评价融入教学过程,通过评价了解学生的学习情况和问题,为教学提供反馈和指导。

其次,我们应注重评价的连续性和动态性。在教学过程中,学生的学习情况是不断变化的,因此我们需要不断地进行评价和调整。通过连续的、动态的评价过程,我们可以及时了解学生的学习情况和问题,为他们提供更加个性化的学习支持和帮助。

最后,我们应注重评价结果的反馈和应用。在评价过程中,我们应将评价结果及时反馈给学生和教师,帮助他们了解自己的优点和不足,为他们的学习和教学提供指导。同时,我们应将评价结果作为改进教学和学习的重要依据,不断完善教学体系,提高教学质量。

第二节　学习风格与评价策略

一、视觉型学习者的评价策略

（一）理解视觉型学习者的特点

视觉型学习者是以视觉为主要信息接收和处理方式的学习者。他们善于通过图像、图表、视频等视觉材料来理解和记忆信息，往往对颜色、形状和空间关系有着高度的敏感度和辨识能力。在评价视觉型学习者时，首先需要深入理解他们的这一核心特点。

视觉型学习者的学习风格通常表现为对文字的依赖度较低，他们更喜欢通过图像、图表等视觉元素来捕捉和理解信息。他们在学习过程中，往往能够快速捕捉视觉信息，并善于将复杂的概念和信息以视觉化的形式进行表达和记忆。这种特点使得他们在学习某些领域，如设计、艺术、地理等表现出色。

为了更好地理解和评估视觉型学习者的学习效果，教师需要关注他们在学习过程中的视觉化表达和理解能力。例如，可以通过观察他们在解决问题时是否倾向于使用图表、示意图等工具，以及他们在记忆信息时是否更倾向于使用图像或视觉化策略。

（二）设计针对视觉型学习者的评价任务

针对视觉型学习者的特点，教师在设计评价任务时应充分考虑他们的视觉化学习需求。评价任务应尽可能以图像、图表、视频等视觉化形式呈现，以便视觉型学习者能够更好地理解和参与。

具体而言，教师可以设计一些需要视觉化表达的评价任务，如绘制概念图、流程图、示意图等。这些任务不仅能够发挥视觉型学习者的优势，还能够检验他们对知识的理解和掌握程度。同时，教师可以利用多媒体评价工具，如视频、动画等，来呈现评价的内容和要求，使评价过程更加立体、直观。

在设计评价任务时，教师还需要注意任务的难度和层次性。任务难度应适中，既能够检验学生对基础知识的掌握情况，又能够考验他们的思维能力和创新能力。同时，任务应具有层次性，能够满足不同水平学生的需求，确保每个学生都能够在评价过程中得到充分的锻炼和提升。

（三）实施视觉化评价策略

在实施视觉化评价策略时，教师需要关注以下几个方面：

提供丰富的视觉化资源。为了支持视觉型学习者的学习，教师需要为他们提供充足的视觉化资源，如图片、图表、视频等。这些资源应与教学内容密切相关，能够帮助学生更好地理解和掌握知识。

注重过程性评价。视觉型学习者在解决问题时倾向于使用视觉化思维，因此过程性评价对他们来说尤为重要。教师可以通过观察学生的解题过程、绘图过程等，来评价他们的思维能力和问题解决能力。同时，教师可以鼓励学生将解题过程以视觉化的形式进行展示和交流，以便更好地了解他们的学习情况和进步。

关注个体差异。虽然视觉型学习者具有一些共同的学习特点，但每个学生的具体情况可能有所不同。因此，在实施评价策略时，教师应关注个体差异，根据学生的实际情况制定个性化的评价方案。这有助于确保评价结果的准确性和公正性，同时能够更好地满足学生的学习需求。

（四）反思与调整视觉化评价策略

在实施视觉化评价策略后，教师应及时反思并调整策略以适应学生的学习需求。反思的内容可以包括评价任务的设计是否合理、视觉化资源是否充足、过程性评价是否有效等方面。通过反思，教师可以发现评价策略中的不足之处，并有针对性地进行改进。

教师还需要关注学生的学习反馈和成绩变化。学生的学习反馈可以反映他们对评价策略的认可度和满意度，而成绩变化可以反映评价策略的实际效果。通过分析学生的学习反馈和成绩变化，教师可以更准确地判断评价策略的有效性，并据此进行必要的调整。

针对视觉型学习者的评价策略需要充分考虑他们的视觉化学习需求，教师可以通过设计视觉化评价任务、提供视觉化资源、注重过程性评价以及关注个体差异等方式来实施。同时，教师需要不断反思和调整评价策略以适应学生的学习需求，确保评价结果的准确性和公正性。

二、听觉型学习者的评价策略

（一）识别与理解听觉型学习者的特点

听觉型学习者是以听觉为主要信息接收和处理方式的学习者。他们往往对声音、语音、语调等听觉信息非常敏感，通过听觉途径能更有效地理解和记忆知识。在评价听觉型学习者时，首先要深入理解他们的这一核心特点。

听觉型学习者在学习时，倾向于通过听讲座、讨论、音频资料等方式来接收信息。他们善于捕捉和记忆声音信息，往往能够准确地记住教师授课的语音、语调、语速等细节。此外，听觉型学习者在理解和处理信息时，也更倾向于依赖听觉信息，他们可能更容易通过口头解释或讨论来理解和掌握知识。

为了准确识别听觉型学习者，教师可以通过观察学生的学习行为和习惯来进行初步判断。例如，注意学生是否经常在课堂上积极发言、是否喜欢通过讨论来深化理解、是否更倾向于使用口头表达而非书面表达等。同时，教师可以利用一些专业的评估工具来辅助识别听觉型学习者。

（二）设计针对听觉型学习者的评价任务

针对听觉型学习者的特点，教师在设计评价任务时应充分考虑他们的听觉学习需求。评价任务应尽可能地以口头表达、听力理解等形式呈现，以便听觉型学习者能够更好地参与和完成。

具体而言，教师可以设计一些需要口头表达的评价任务，如口头报告、小组讨论、角色扮演等。这些任务能够充分发挥听觉型学习者的优势，同时能够检验他们的口头表达能力和思维逻辑能力。此外，教师还可以设计一些听力理解任务，如听力测试、音频资料分析等，以检验听觉型学习者对声音信息的捕捉和理解能力。

（三）实施听觉型学习者的评价策略

在实施听觉型学习者的评价策略时，教师需要关注以下几个方面：

首先，提供丰富的听觉资源。为了支持听觉型学习者的学习，教师需要为他们提供充足的听觉资源，如音频资料、讲座录音等。这些资源应与教学内容密切相关，能够帮助学生更好地理解和掌握知识。

注重口头表达能力的评价。听觉型学习者在口头表达方面往往具有优势，因此教师在评价过程中应充分关注他们的口头表达能力。可以通过观察学生的口头报告、小组讨论等表现来评价他们的口头表达能力和思维逻辑能力。

关注听力理解能力的评价。听力理解能力是听觉型学习者的核心技能之一，因此教师在评价过程中应充分关注他们的听力理解能力。可以通过设计听力测试、音频资料分析等任务来检验学生的听力理解能力。

（四）反思与调整听觉型学习者的评价策略

在实施听觉型学习者的评价策略后，教师应及时反思并调整策略以适应学生的学习需求。

反思的内容可以包括评价任务的设计是否合理、听觉资源是否充足、口头表达能力和听力理解能力的评价是否有效等方面。

通过反思，教师可以发现评价策略中的不足之处，并有针对性地进行改进。

例如，如果发现评价任务过于简单或难度不够，可以适当增加任务的难度和挑战性；如果发现听觉资源不足或质量不高，可以积极寻找和提供更高质量的听觉资源；如果发现口头表达能力和听力理解能力的评价方式不够准确或全面，可以探索更科学、更全面的评价方式。

针对听觉型学习者的评价策略需要充分考虑他们的听觉学习需求，教师可以通过设计合理的评价任务、提供充足的听觉资源、注重口头表达能力和听力理解能力的评价等方式来实施。

同时，教师需要不断反思和调整评价策略以适应学生的学习需求，以确保评价结果的准确性和公正性。

三、动觉型学习者的评价策略

（一）动觉型学习者的特征识别与理解

动觉型学习者是指那些主要通过身体活动和运动来理解和掌握知识的学生。他们在学习过程中倾向于通过触摸、操作、运动等方式来获取和内化信息。据统计，动觉型学习者在学习者群体中占据一定比例。

动觉型学习者的特征明显，他们往往表现出高度的身体活动需求，难以长时间保持静坐的状态。他们喜欢动手操作、体验和实践，通过亲身参与活动来理解和掌握知识。在学习过程中，他们可能经常起身活动、动手尝试，甚至通过肢体动作来表达自己的理解和感受。

为了准确识别动觉型学习者，教师可以通过观察学生的行为表现和学习习惯来初步判断。例如，注意学生是否在课堂上经常动来动去、是否喜欢动手做实验或参与实践活动、是否通过肢体动作来表达自己的理解等。同时，教师可以利用一些专业的评估工具来辅助识别动觉型学习者。

（二）设计动觉型学习者的评价任务

针对动觉型学习者的特点，教师在设计评价任务时应充分考虑他们的活动需求和实践能力。评价任务应尽可能以实际操作、实践活动等形式呈现，以便动觉型学习者能够更好地参与和完成。

具体而言，教师可以设计一些需要动手操作的评价任务，如科学实验、手工制作、体育技能测试等。这些任务能够充分发挥动觉型学习者的优势，同时能够检验他们的实践能力和动手能力。此外，教师还可以设计一些需要学生参与实践活动的评价任务，如社会实践、志愿服务等，以检验学生在实际情境中的能力表现。

在设计评价任务时，教师需要注意以下几点：首先，任务应具有一定的挑战性，能够激发学生的兴趣和动力。其次，任务应与学生的实际生活和学习经验密切相关，能够帮助学生将所学知识应用于实际情境中。最后，任务应具有明确的目标和评价标准，以便教师能够客观地评价学生的表现和能力。

（三）实施动觉型学习者的评价策略

在实施动觉型学习者的评价策略时，教师需要关注以下几个方面：

提供丰富的实践机会。为了支持动觉型学习者的学习，教师需要为他们提供充足的实践机会和资源。例如，教师可以组织科学实验、手工制作、体育活动等实践活动，让学生亲身参与和体验。

注重过程性评价。动觉型学习者通常在参与实践活动的过程中表现出色，因此过程性评价对他们来说尤为重要。教师可以通过观察学生的实践过程、参与程度、动手能力等方面来评价他们的表现和能力。

鼓励团队合作与分享。动觉型学习者通常善于与他人合作和分享经验。因此，在评价过程中，教师可以鼓励学生参与团队合作项目或分享自己的实践经验，以检验他们的团队合作能力和沟通能力。

四、基于项目的学习与评估方法

（一）理念与特点

基于项目的学习（Project-Based Learning, PBL）是一种以学生为中心，通过学生主导的实际项目活动来促进学习的教学方法。它强调知识的实际应用，鼓励学生通过实践、探究和问题解决的过程来建构和深化知识。这种学习方法的理念在于，将传统的学习模式中被动地接受知识转变为主动地探索知识，从而培养学生的自主学习能力、批判性思维、团队协作和创新精神。

基于项目的学习具有以下几个显著特点：

实践性。PBL 强调知识的实际应用，学生需要在真实或模拟的环境中完成具体项目，这种学习方式有助于学生更好地理解知识的实际意义和价值。

自主性。在 PBL 中，学生成为学习的主体，他们需要自主规划项目、设计方案、收集资料、解决问题，这种自主性有助于培养学生的自我管理和自我驱动能力。

综合性。PBL 项目通常涉及多个学科领域的知识和技能，需要学生综合运用所学知识来解决问题，这种综合性有助于培养学生的跨学科思维和综合能力。

合作性。在 PBL 中，学生通常需要组建团队来共同完成项目，这种合作性有助于培养学生的团队协作能力和沟通能力。

（二）实施策略

在实施基于项目的学习时，教师需要采取一系列策略来确保项目的顺利进行和学生的学习效果。

项目选择与设计：教师应根据学生的年龄、学科特点、兴趣和能力来选择和设计合适的项目。项目应具有挑战性、实践性和真实性，能够激发学生的兴趣和动力。

角色分配与指导：教师应明确学生在项目中的角色和职责，并为学生提供必要的指导和支持。教师应成为学生的引导者和促进者，帮助学生解决遇到的问题和困难。

资源提供与整合：教师应为学生提供丰富的资源和材料，包括图书、网络、实验室等，以便学生更好地完成项目。同时，教师应帮助学生整合各种资源，提高项目完成的效率和质量。

过程监控与反馈：教师应密切关注学生在项目中的表现和进展，及时给予反馈和指导。教师可以通过观察、记录、讨论等方式来了解学生的学习情况，并根据需要调整教学策略。

（三）评估方法

基于项目的学习强调过程性评价和多元化评价，以下是几种常见的评估方法：

自我评价。学生应对自己在项目中的表现进行自我评价，反思自己的学习过程、方法和成果，并提出改进建议。这种评估方式有助于培养学生的自我认知和自我提升能力。

同伴评价。学生之间可以相互评价，分享彼此的学习成果和心得，并提出建议和改进意见。这种评估方式有助于培养学生的批判性思维和团队协作能力。

教师评价。教师应根据学生的项目完成情况、表现、参与度等方面进行评价，并给出具体的反馈和建议。这种评估方式有助于教师了解学生的学习情况，及时调整教学策略。

成果展示。学生可以展示自己的项目成果，包括作品、报告、演示等。这种评估方式有助于展示学生的学习成果和创造力，同时可以为学生提供展示和交流的平台。

（四）优势与挑战

基于项目的学习与评估方法具有诸多优势，如激发学生的学习兴趣和动力、培养学生的实践能力和创新精神、促进学生的全面发展等。然而，在实际应用中，也面临着一些挑战。

优势方面：

提高学生的参与度和兴趣。PBL强调学生的主体性和实践性，能够激发学生的参与度和兴趣，使他们更加积极地投入学习。

培养学生的综合素质。PBL项目通常会涉及多个学科领域的知识和技能，需要学生综合运用所学知识来解决问题，这种综合性有助于培养学生的跨学科思维和综合能力。

增强学生的实践能力。PBL强调知识的实际应用，能够帮助学生更好地理解和掌握知识，提高他们的实践能力。

挑战方面：

项目设计难度较大。设计一个既符合教学目标又贴近学生生活实际的PBL项目需要花费大量的时间和精力。教师需要具备丰富的教学经验和专业知识来设计出具有挑战性和实践性的项目。

学生参与度不均。在PBL中，学生的参与度可能存在差异。一些学生可能会因为兴趣、能力或其他原因而缺乏积极性。教师需要采取适当的策略来提高学生的参与度，如设置激励机制、提供个别辅导等。

评估过程复杂。PBL的评估过程相对复杂，需要综合考虑学生的表现、参与度、成果等多个方面。同时，评估方式多样化增加了评估的难度和复杂性。教师需要具备较高的专业素养和评估能力来确保评估的准确性和公正性。

第三节 行为主义与评估方法

一、经典条件反射与评估设计

（一）概述

经典条件反射（Classical Conditioning），又称巴甫洛夫条件反射，是由俄国生理学家伊万·巴甫洛夫（Ivan Pavlov）首先发现并提出的心理学概念。它描述的是一种学习形式，即中性刺激（条件刺激）与无条件刺激反复配对呈现，导致中性刺激最终能够引发原本由无条件刺激引发的无条件反应，这一过程称为条件反应的获得。经典条件反射理论不仅为心理学领域带来了深刻的理论启示，也为评估设计提供了重要的理论基础。

首先，经典条件反射理论强调了刺激与反应之间的紧密联系。在评估设计中，我们可以借鉴这一原理，通过精心设计的刺激（如测试题目、任务等）来引发被评估者的反应，从而评估其能力、知识或技能水平。

其次，经典条件反射理论揭示了学习的过程和机制。在评估设计中，我们可以利用这些机制，通过反复呈现刺激和评估结果，促使被评估者不断学习和进步。

（二）应用

在评估设计中，经典条件反射理论的应用主要体现在以下几个方面：

刺激设计。评估者需要设计具有代表性和有效性的刺激，以引发被评估者的真实反应。这些刺激可以是文字、图片、视频等多种形式，但需要确保它们能够准确反映被评估者的能力或知识水平。

条件化过程。评估者需要通过反复呈现刺激和评估结果，促使被评估者形成条件反应。评估者在这一过程中需要耐心和细致，以确保被评估者能够充分理解和接受评估内容。

评估标准。评估者需要制定明确的评估标准，以量化被评估者的反应。

这些标准需要具有客观性和公正性，以确保评估结果的准确性和可靠性。

（三）优势

经典条件反射理论在评估设计中具有显著的优势。

提高评估的准确性。通过精心设计的刺激和条件化过程，经典条件反射可以引发被评估者的真实反应，从而提高评估的准确性。

增强评估的客观性。经典条件反射强调刺激与反应之间的紧密联系，减少了主观因素对评估结果的影响，增强了评估的客观性。

促进被评估者的学习。通过反复呈现刺激和评估结果，经典条件反射可以促使被评估者不断学习和进步，提高其能力或知识水平。

（四）挑战与应对策略

尽管经典条件反射理论在评估设计中具有显著的优势，但也面临着一些挑战。

刺激设计难度。设计具有代表性和有效性的刺激需要评估者具备丰富的经验和专业知识。为了应对这一挑战，评估者可以通过查阅相关文献、咨询专家或进行试点测试等方式来提高刺激设计的质量。

条件化过程耗时。经典条件反射需要通过反复呈现刺激和评估结果来促使被评估者形成条件反应，这一过程可能耗时较长。为了应对这一挑战，评估者可以合理安排评估时间，采用分阶段或分批次的方式进行评估。

评估结果解读。经典条件反射引发的反应可能具有多样性和复杂性，评估者需要准确解读这些反应，以得出准确的评估结果。为了应对这一挑战，评估者可以制定详细的评估标准并加强培训，提高评估结果的准确性和可靠性。

二、操作条件反射与行为评估

（一）理论基础

操作条件反射（Operant Conditioning），也称为工具性条件反射或操作性条件反射，是由美国心理学家伯尔赫斯·弗雷德里克·斯金纳（B.F. Skinner）提出的一种学习理论。该理论强调个体行为是受到环境刺激（尤其是强化物）的影响而塑造和改变的。斯金纳认为，学习实质上是一种反应概率上的变化，而强化是增强反应概率的关键手段。

操作条件反射的核心在于个体通过自发行为（操作）与强化物（正强化或负强化）之间的相互作用来形成或改变行为。在这一过程中，正强化是指给予个体所期望的、能增强某种行为出现的刺激；而负强化是通过消除或减弱某种不愉快的刺激，来增加某种行为出现的概率。

（二）应用

行为评估是指通过观察、记录和分析行为来评估一个人的认知、情感和行动特征。操作条件反射理论为行为评估提供了重要的理论基础和实用工具。

评估方法设计。操作条件反射理论强调环境刺激与行为之间的关联，因此，在行为评估中，评估者可以设计特定的环境刺激来观察个体的行为反应。比如，在评估儿童的学习能力时，评估者可以设计一系列学习任务，并观察儿童在完成任务的过程中的行为表现。

行为分析与解读。通过操作条件反射理论，评估者可以对个体的行为进行深入的分析和解读。比如，评估者可以分析个体在不同情境下的行为表现，探究其背后的心理机制和动机。此外，评估者还可以利用操作条件反射的原理来解释和预测个体行为的变化趋势。

干预策略制定。基于操作条件反射理论的行为评估结果，评估者可以制定针对性的干预策略。比如，对于表现出不良行为的个体，评估者可以采用正强化手段来增加其良好行为的出现概率；对于表现出退缩行为的个体，则可以采用负强化手段来减少其不良行为的发生。

（三）优势

实证基础。操作条件反射理论基于大量的实证研究，具有较高的可靠性和有效性。因此，评估者在行为评估中应用该理论可以确保评估结果的准确性和可靠性。

灵活性。操作条件反射理论强调环境刺激与行为之间的相互作用，因此评估者可以根据不同的评估对象和评估目的来设计不同的评估方法和干预策略。这种灵活性使得行为评估更具针对性和实用性。

预测性。操作条件反射理论可以解释和预测个体行为的变化趋势。因此，评估者在行为评估中应用该理论可以预测个体未来可能出现的行为问题或进步趋势，为制定有效的干预策略提供依据。

（四）挑战与应对策略

尽管操作条件反射理论在行为评估中具有显著的优势，但也面临一些挑战：

评估方法的复杂性。设计有效的行为评估方法需要考虑到多种因素，如环境刺激的选择、行为观察的时间点等。为了应对这一挑战，评估者需要具备丰富的专业知识和实践经验，以确保评估方法的科学性和有效性。

伦理问题。行为评估涉及个体隐私和权益等问题。因此，在行为评估中，评估者需要遵循伦理原则，确保评估过程的合法性和公正性。此外，评估者还需要保护被评估者的隐私和权益，避免对其造成不必要的伤害。

干预策略的局限性。操作条件反射理论强调通过环境刺激和强化物来塑造和改变行为。然而，在实际应用中，干预策略的效果可能受到多种因素的影响，如个体差异、环境稳定性等。为了应对这一挑战，评估者需要综合考虑多种因素，制定综合性的干预策略，并持续监测和评估其效果。

三、强化原理在评估中的应用

（一）核心作用

强化原理在评估中发挥着核心作用，它通过奖励和惩罚的机制，影响着被评估者的行为选择和行为频率。在评估过程中，被评估者会根据自身的行为结果（是否获得强化）来调整自己的行为策略，从而逐渐接近评估标准。这种基于结果的调整过程，正是强化原理在评估中的具体应用。

首先，强化原理有助于明确评估的导向性。在评估开始前，评估者可以根据评估目标，设定明确的评估标准和行为要求。这些标准和要求将成为被评估者行为的指南，引导其朝着评估目标努力。

其次，强化原理能够增强评估的激励作用。在评估过程中，评估者可以根据被评估者的行为表现，给予相应的奖励或惩罚。这种及时的反馈能够激发被评估者的积极性，促使其更加努力地投入评估。

最后，强化原理有助于提高评估的公平性。通过明确的评估标准和公正的强化措施，评估者可以确保评估结果的公正性和客观性，避免主观因素对评估结果的影响。

（二）应用策略

在评估设计中，强化原理的应用主要体现在以下几个方面：

设定明确的评估目标和行为要求。评估目标应该具体、可衡量，并与被评估者的实际工作或学习情况密切相关。行为要求应该清晰、明确，能够指导被评估者达到评估目标。

制定合理的强化措施。强化措施应该根据被评估者的特点和偏好来制定，确保能够激发其积极性。同时，强化措施应该具有可操作性和可持续性，能够长期有效地发挥作用。

设计多样化的评估方式。评估方式应该多样化，包括自评、互评、他评等多种方式。通过不同角度的评估，评估者可以更全面地了解被评估者的表现，提高评估的准确性和有效性。

注重强化过程的管理和监控。在评估过程中，评估者应该密切关注被评估者的行为表现，及时给予反馈和强化。同时，评估者应该对强化过程进行管理和监控，确保强化措施的有效性和公正性。

（三）具体实践

在评估执行过程中，强化原理的具体实践体现在以下几个方面：

及时给予反馈。评估者应该及时观察被评估者的行为表现，并给予及时的反馈。这种反馈应该具有针对性和指导性，能够帮助被评估者了解自己的优点和不足，从而调整自己的行为策略。

合理运用强化措施。评估者应该根据被评估者的行为表现,合理运用强化措施。对于表现优秀的被评估者,可以给予适当的奖励和激励;对于表现不佳的被评估者,则应该给予适当的惩罚和引导。

关注被评估者的情感需求。在评估过程中,评估者应该关注被评估者的情感需求,给予其足够的关心和支持。这有助于建立和谐的评估关系,提高被评估者的参与度和积极性。

不断改进评估方法。评估者应该不断总结经验教训,改进评估方法。引入新的评估技术和工具可以提高评估的效率和准确性,更好地发挥强化原理在评估中的作用。

(四)面临的挑战与应对策略

尽管强化原理在评估中具有广泛的应用价值,但在实际应用过程中,也面临着一些挑战:

强化措施的适用性问题。由于被评估者的个体差异较大,不同的强化措施可能对不同的人产生不同的效果。因此,评估者需要根据被评估者的实际情况,选择合适的强化措施。

应对策略:在评估前进行充分的调研和了解,了解被评估者的特点和偏好,制定符合其需求的强化措施。同时,评估者可以根据评估过程中的实际情况,对强化措施进行适时的调整和改进。

强化过程的公正性问题。在评估过程中,强化措施运用不当或存在主观偏见,可能会影响评估结果的公正性。

应对策略:建立完善的评估流程和监督机制,确保评估过程中的公正性和客观性。同时,对评估者进行培训和指导,提高其专业素养和评估能力,减少主观因素对评估结果的影响。

四、行为主义评估的局限性及改进

(一)局限性

行为主义评估以其对可观察行为的关注为基础,提供了一种量化评估的方法。然而，其局限性也不容忽视。

首先，行为主义评估的局限性在于其过度简化行为的心理机制。行为主义认为行为是刺激与反应之间的直接联系，忽视了认知、情感和动机等心理因素在行为产生和维持中的作用。这种简化导致评估结果可能无法全面反映个体的内在心理状态和发展需求。

其次，行为主义评估忽视了环境因素的复杂性和多样性。行为主义评估通常将环境视为影响行为的外部因素，而缺乏对环境因素内部机制的深入探讨。然而，环境因素与行为之间的关系往往是复杂而微妙的，单纯的行为主义评估可能无法准确地揭示这种关系。

再次，行为主义评估的局限性还体现在其忽视了个体差异和多样性。行为主义评估通常将个体视为具有相同反应模式的群体，而忽略了个体之间的差异性。这种忽视可能导致评估结果无法准确反映个体的独特性和发展需求，从而限制了评估的有效性和实用性。

最后，行为主义评估过度强调外部控制和强化，可能会导致对个体内在动力和主动性的忽视。行为主义评估通常通过奖励和惩罚来影响行为，这种外部控制可能会抑制个体的内在动力和主动性，使其失去自我发展的动力和方向。

（二）改进方向

针对行为主义评估的局限性，我们可以从以下几个方面进行改进：

首先，我们需要整合心理因素，全面考虑个体的认知、情感和动机等心理状态。在评估中，我们可以采用心理测量工具、访谈等方法，深入了解个体的内在心理状态，以更全面地评估其行为表现和发展需求。

其次，我们需要关注环境因素的复杂性和多样性，探讨环境因素与行为之间的内在机制。在评估中，我们可以设计更加复杂的实验场景，观察自然情境中的行为，以更准确地揭示环境因素与行为之间的关系。

再次，我们需要尊重个体差异和多样性，关注个体的独特性和发展需求。在评估中，我们可以采用个性化的评估工具和方法，以更好地满足个体的需求和发展。同时，我们应该鼓励个体进行自我评估和反思，以更深入地了解自己的行为和心理状态。

最后，我们需要强调内在动力和主动性在行为发展中的作用。在评估中，我们可以关注个体的内在动机和兴趣，鼓励其主动探索和尝试新事物。同时，我们可以提供适当的支持和指导，帮助个体建立积极的行为习惯和自我调节能力。

（三）实施改进策略的挑战与应对

在实施改进策略的过程中，我们可能会面临一些挑战。例如，整合心理因素和环境因素需要更高的专业知识和技能，这对评估者提出了更高的要求。同时，尊重个体差异和多样性需要我们更加关注个体的独特性和发展需求，这可能会增加评估的复杂性和难度。

为了应对这些挑战，我们可以采取以下措施：首先，加强评估者的专业培训和技能提升，提高其对心理和环境因素的敏感性和洞察力；其次，制订个性化的评估方案，以更好地满足个体的独特性和发展需求；最后，加强评估的监督和反馈机制，以确保评估结果的准确性和有效性。

（四）未来展望

随着心理学和评估技术的不断发展，行为主义评估也在不断地改进和完善。未来，我们可以期待更加全面、科学、有效的行为主义评估方法的出现。同时，我们应该关注评估工作的伦理和道德问题，确保评估工作的公正性和合理性。通过不断的探索和实践，我们可以为个体的成长和发展提供更加科学、有效的评估支持。

第三章 学生评价与评估方法

第一节 形成性评价与诊断性评价

一、形成性评价的概念与特点

（一）概念

形成性评价，又称为过程性评价或进展性评价，是指在教学活动过程中，为了解学生的学习进展、诊断学习困难、反馈教学信息、激励学生的学习热情以及调整和改进教学活动而进行的系统性评价。与总结性评价（终结性评价）不同，形成性评价注重教学过程中的各个环节，旨在帮助教师和学生及时了解教学和学习状况，以便及时调整教学策略和学习方法。

形成性评价的概念中包含了几个核心要素：首先，它具有过程性，即关注学生在学习过程中的表现和发展。其次，它具有诊断性，能够识别学生在学习过程中遇到的问题和困难。再次，它具有反馈性，能够将评价结果及时反馈给教师和学生，帮助他们了解教学和学习状况。最后，它具有激励性，能够激发学生的学习热情，增强他们的学习动力。

（二）特点

1.持续性与动态性

形成性评价贯穿于整个教学过程，具有持续性和动态性的特点。它不仅关注学生的学习结果，更重视学生在学习过程中的表现和发展。在教学过程中，教师会不断地收集学生的学习信息，了解他们的学习状况，以便及时调整教学策略。同时，学生会根据教师的反馈和建议，不断改进自己的学习方法，提高学习效果。

2. 多元性与多样性

形成性评价的评价方式和手段具有多元性和多样性的特点。它不仅依赖于传统的纸笔测试，还结合了观察、访谈、作品分析等多种评价方式。这些评价方式能够更全面地反映学生的学习状况，发现他们的优点和不足。同时，形成性评价注重学生的自我评价和同伴评价，让学生在评价过程中更加主动地参与，提高他们的学习积极性和自主性。

3. 反馈性与及时性

形成性评价具有反馈性和及时性的特点。它能够将评价结果及时反馈给教师和学生，帮助他们了解教学和学习状况。

这种及时的反馈有助于教师及时调整教学策略，优化教学过程，也有助于学生及时了解自己的学习状况，明确自己的学习目标和发展方向。同时，形成性评价鼓励学生和教师之间进行积极的交流和互动，共同促进教学和学习的发展。

4. 激励性与发展性

形成性评价具有激励性和发展性的特点。它关注学生的个体差异和独特性，尊重他们的学习成果和努力。在评价过程中，教师会给予学生积极的反馈和建议，激发他们的学习热情和自信心。同时，形成性评价注重学生的全面发展，不仅关注他们的学业成绩，还关注他们的情感、态度和价值观等方面的发展。这种全面的评价方式有助于促进学生的全面发展，提高他们的综合素质。

5. 反馈性与个性化

形成性评价的反馈性是其核心特点之一，旨在通过及时、具体、个性化的反馈来帮助学生了解自己的学习情况，找到不足之处，调整学习策略和方法。这种反馈不仅是教学过程中的一种沟通方式，更是学生学习进步的重要动力。

形成性评价的反馈具有及时性。在教学活动中，教师会根据学生的学习表现及时给予反馈，使学生能够在最短的时间内了解到自己的学习状况。这种及时的反馈有助于学生及时调整学习策略，避免在错误的学习道路上越走越远。

形成性评价的反馈具有具体性。教师在给予反馈时，会针对学生的具体表现进行点评，指出学生在哪些方面做得好，哪些方面还需要改进。

这种具体的反馈有助于学生更准确地了解自己的学习情况，明确下一步的学习方向。

形成性评价的反馈具有个性化。每个学生都是独特的个体，他们的学习需求和特点各不相同。形成性评价注重对学生个体差异的关注和尊重，根据学生的特点和能力制订个性化的学习计划和指导措施。

这种个性化的反馈有助于学生更好地发挥自己的优势，改善自己的不足，实现个性化的学习和发展。

6.连续性与合作性

形成性评价的连续性体现在它是一个持续的过程，与学习同步进行。这种连续性不仅有助于教师及时了解学生的学习状况，调整教学策略，也有助于学生自我监控和调整学习进度，保持学习的连贯性和深入性。

形成性评价强调教师和学生之间的合作和互动。在教学活动中，教师和学生共同参与评价过程，通过交流和互动来共同促进学习的发展。这种合作性不仅有助于增强师生之间的信任和沟通，也有助于提高学生的学习主动性和积极性。

形成性评价还注重学生之间的合作和互助。在学习过程中，学生之间可以通过相互评价、小组讨论等方式来分享学习经验和资源，共同解决问题和困难。

这种合作性的评价方式有助于培养学生的团队精神和合作意识，提高他们的综合素质和社交能力。

综上所述，形成性评价具有持续性与动态性、多元性与多样性、反馈性与个性化、连续性与合作性等特点。这些特点使得形成性评价能够更全面地反映学生的学习情况和发展潜力，为他们的学习和成长提供有力的支持和保障。

二、形成性评价的实施策略

（一）明确评价目标与标准

实施形成性评价的首要任务是明确评价的目标与标准。评价目标应具体、明确，能够反映学生全面发展的需求，包括知识、技能、情感态度和价值观等方面。评价目标应与课程目标相一致，确保评价活动能够准确地反映学生的学习成果。

同时，评价标准应具体、可量化，能够为学生提供明确的学习方向和努力目标。评价标准应具有可操作性，便于教师和学生理解和执行。在制定评价标准时，应充分考虑学生的个体差异和发展需求，确保评价标准既具有挑战性又符合学生的实际情况。

在实施过程中，教师应将评价目标与标准明确地传达给学生，让学生明确自己的学习目标和评价标准。同时，教师应根据学生的学习情况及时调整评价目标和标准，确保评价活动的针对性和有效性。

（二）采用多样化的评价方法

形成性评价强调评价方法的多样化，以更全面地反映学生的学习情况。在实施过程中，教师应采用多种评价方法，如观察、访谈、作品分析、测验等，以获取更丰富的评价信息。

观察是形成性评价中常用的方法之一，教师可以通过观察学生的学习过程来了解他们的学习态度、方法、习惯等方面的情况。访谈则可以帮助教师深入了解学生的内心世界和情感体验，发现学生在学习过程中遇到的问题和困难。作品分析可以反映学生的创新思维和实践能力，测验则可以检验学生的知识掌握情况。

在实施过程中，教师应根据评价目标和学生的实际情况选择合适的评价方法，或将多种评价方法相结合，以获取更全面的评价信息。同时，教师应注重评价方法的创新性和灵活性，不断探索新的评价方法和技术手段，以适应不同学生的学习需求和发展特点。

（三）加强评价与教学的融合

形成性评价与教学是密不可分的，评价活动应贯穿于整个教学过程。在实施过程中，教师应将评价与教学紧密融合，将评价作为促进教学和学生学习的有效手段。

首先，教师可以通过评价来了解学生的学习情况，发现教学中存在的问题和不足，及时调整教学策略和方法。

其次，教师可以通过评价来激发学生的学习热情和兴趣，鼓励他们积极参与学习活动，提高学习效果。

最后，教师可以利用评价结果来为学生提供个性化的学习指导和建议，帮助他们更好地实现学习目标。

在实施过程中，教师应注重评价与教学的相互渗透和相互促进，形成评价与教学相互支持、相互补充的良性循环。

同时，教师应不断探索评价与教学融合的新模式和新方法，以适应不同学生的学习需求和发展特点。

（四）建立反馈与改进机制

形成性评价的实施离不开反馈与改进机制的建立。在实施过程中，教师应及时将评价结果反馈给学生和家长，让他们了解学生的学习情况和进步情况。同时，教师应根据评价结果及时调整教学策略和方法，为学生提供更优质的教学服务。

在建立反馈与改进机制时，教师应注重反馈的及时性和针对性。教师应及时将评价结果反馈给学生和家长，让他们及时了解学生的学习情况。同时，教师应针对学生的具体情况提供具体的反馈和建议，帮助他们更好地认识自己的优点和不足。

此外，教师还应注重改进的持续性和系统性。教师应根据评价结果及时调整教学策略和方法，并持续关注学生的学习情况和发展变化。同时，教师应定期总结和反思评价活动的效果和问题，不断完善评价方法和机制，提高评价的质量和效果。

三、诊断性评价的价值与挑战

（一）价值

　　诊断性评价作为教学过程中的重要环节，其重要性与价值不容忽视。首先，诊断性评价有助于教师全面了解学生的基础知识和能力水平，为制订教学计划和教学策略提供有力依据。通过诊断性评价，教师可以准确地判断学生的学习起点，从而有针对性地设计教学内容和方法，确保教学的针对性和有效性。

　　其次，诊断性评价有助于教师发现学生的学习困难和问题。在教学过程中，学生可能会遇到各种学习障碍和困难，这些问题如果不及时发现和解决，将会影响学生的学习效果。通过诊断性评价，教师可以及时发现学生的学习问题，并为学生提供有针对性的帮助和指导，帮助学生克服学习困难，提高学习效果。

　　再次，诊断性评价有助于个性化教学的实施。每个学生都是独特的个体，他们的学习需求和兴趣各不相同。通过诊断性评价，教师可以了解学生的个体差异和学习需求，从而为学生制订个性化的教学计划和指导措施。这种个性化的教学方式能够更好地满足学生的学习需求，激发学生的学习兴趣和动力，促进学生的全面发展。

　　最后，诊断性评价具有促进学生的自我认知和自我发展的作用。通过诊断性评价，学生可以了解自己的学习情况，认识到自己的优点和不足，从而制订个人学习计划和发展目标。这种自我认知和自我发展的过程有助于培养学生的自主学习能力和终身学习意识。

（二）机遇与挑战

　　随着教育改革的不断深入和发展，诊断性评价也面临着一些新的挑战和机遇。未来，诊断性评价应更加注重对学生全面发展的评价和评估，关注学生创新思维和实践能力的培养。同时，随着信息技术的不断发展，诊断性评价应积极探索新的评价工具和方法，提高评价的效率和准确性。此外，诊断性评价还需要与其他教育评价方式相结合，构成一个完整的教育评价体系，为学生的学习和发展提供全方位的支持和帮助。

四、诊断性评价结果的作用

（一）在教学计划调整中的作用

诊断性评价结果对于教学计划的调整具有至关重要的指导意义。首先，诊断性评价能够揭示学生在各个学科领域的知识和技能掌握情况，为教师提供学生当前学习水平的准确信息。基于这些信息，教师可以对教学计划进行有针对性的调整，确保教学内容与学生的实际水平相匹配。

其次，诊断性评价结果能帮助教师识别学生在学习中存在的困难和问题。通过分析评价结果，教师可以确定哪些知识点或技能是学生的普遍薄弱之处，进而在教学计划中增加相应的强化训练内容。这种针对性的教学计划调整能够更有效地帮助学生克服学习困难，提高学习效果。

最后，诊断性评价结果的应用能促进教学过程的个性化。通过了解每个学生的具体学习情况和需求，教师可以为每个学生制订个性化的教学计划和学习方案。这种个性化的教学方式能够更好地满足学生的学习需求，激发学生的学习兴趣和动力，促进学生的全面发展。

在实际应用中，教师需要充分利用诊断性评价结果，结合学生的实际情况和学习目标，灵活调整教学计划。同时，教师应定期收集和分析学生的学习数据，以便及时了解学生的学习进展和变化，为教学计划的持续调整提供依据。

（二）在学生辅导与干预中的作用

诊断性评价结果在学生辅导与干预中发挥着重要作用。首先，评价结果能够揭示学生在学习中存在的具体问题和困难，为教师提供有针对性的辅导和干预方向。

例如，对于数学成绩较差的学生，教师可以通过分析评价结果确定其数学学习的薄弱环节，然后针对这些环节进行重点辅导和训练。

其次，诊断性评价结果能帮助教师制订个性化的辅导计划。通过分析学生的评价结果和学习需求，教师可以为每个学生制订个性化的辅导计划和目标。这种个性化的辅导方式能够更好地满足学生的学习需求，提高辅导效果。

最后，诊断性评价结果能为教师提供学生学习进展的实时反馈。通过定期收集和分析学生的学习数据，教师可以及时了解学生的学习情况和变化，为后续的辅导和干预提供依据。这种实时的反馈机制有助于教师及时调整辅导策略和方法，确保辅导效果的最大化。

在实际应用中，教师需要充分利用诊断性评价结果，结合学生的实际情况和学习需求，制订个性化的辅导计划和干预措施。同时，教师应关注学生的学习进展和变化，及时调整辅导策略和方法，确保辅导效果的最大化。

（三）在学生提升自我认知中的作用

诊断性评价结果对于促进学生提升自我认知具有重要的意义。首先，评价结果能够帮助学生了解自己的学习情况和水平，认识到自己的优点和不足。这种自我认知有助于学生明确学习目标和方向，制订个人学习计划和发展目标。

其次，诊断性评价结果能激发学生的学习兴趣和动力。通过了解自己的学习情况和问题，学生可以认识到自己在学习中的不足和提升空间，从而提高学习的积极性和主动性。这种内在的学习动力有助于学生更好地投入学习，提高学习效果。

最后，诊断性评价结果能为学生提供个性化的学习建议和指导。通过分析评价结果，教师可以为每个学生提供个性化的学习建议和指导措施，帮助学生制订更科学、更有效的学习计划和方法。

这种个性化的学习建议和指导有助于学生更好地发挥自己的学习潜力，实现自我提升和发展。

在实际应用中，教师需要引导学生正确对待诊断性评价结果，帮助学生建立正确的自我认知和学习态度。同时，教师应鼓励学生积极参与自我提升活动，如阅读相关书籍等，以提高自己的学习能力和水平。

(四)在教育决策与改革中的作用

诊断性评价结果在教育决策与改革中具有重要的参考价值。首先，评价结果能够揭示教育教学中存在的问题和不足，为教育决策者提供重要的信息支持。通过分析评价结果，决策者可以了解当前教育教学的实际情况和学生的学习需求，从而制订更加科学、合理的教育政策和改革方案。

其次，诊断性评价结果能为教育决策者提供教育改革的依据和方向。通过分析评价结果中学生遇到的问题和困难，决策者可以确定教育改革的重点领域和优先方向，制定针对性的改革措施和政策。这种基于评价结果的教育改革能够更加彻底地解决教育教学中存在的问题和不足，提高教育教学质量。

最后，诊断性评价结果能为教育决策者提供优化教育资源配置的依据。通过分析评价结果中的学生需求和学科特点等信息，决策者可以更加合理地配置教育资源，确保资源的有效利用和最大化效益。这种基于评价结果的资源配置方式有助于提高教育教学的整体质量和效益。

在实际应用中，教育决策者需要充分重视诊断性评价结果的应用价值，将其作为教育决策和改革的重要依据。同时，决策者应加强与教育实践者的沟通和合作，共同推动教育教学的改革和发展。

第二节　总结性评价与档案袋评价

一、总结性评价的定义与价值

(一)定义

总结性评价，又称终结性评价，是指在教育活动结束后，对学生的学习成果、教师的教学效果以及整个教育过程的价值进行判断、评估的活动。它通常发生在学期末、学年末或学生完成某个阶段的学习任务之后，目的是对整个教育阶段的学习效果进行全面、系统的评价。总结性评价涉及的内容较为广泛，包括知识、技能、情感、态度等多个方面，旨在全面反映学生的学习成果和发展水平。

总结性评价的实施方式多种多样，包括书面测试、实践操作、作品展示、口头汇报等。这些实施方式能够全面、客观地反映学生的学习成果，为教师提供准确、有效的反馈信息，帮助教师了解学生的学习情况，为其今后的教学提供改进方向。

（二）在促进学生全面发展中的价值

总结性评价在促进学生全面发展中具有重要的价值。首先，它有助于客观评价学生的学习成果，让学生清楚地认识到自己的优点和不足，从而调整学习策略，提高学习效率。其次，总结性评价能够激发学生的学习动力，促使学生不断追求进步，提高对自我的要求。最后，总结性评价能够培养学生的自我评价和反思能力，帮助学生形成积极的学习态度和良好的学习习惯。

在教育实践中，总结性评价的应用可以帮助学生全面认识自己的学习成果和发展水平，从而制订个性化的学习计划和发展目标。教师也可以根据学生的总结性评价结果，为他们提供针对性的指导和建议，帮助他们更好地发挥自己的潜力，实现全面发展。

（三）在提升教学质量中的价值

总结性评价在提升教学质量中也发挥着重要作用。首先，它能够为教师提供准确、有效的反馈信息，帮助教师了解学生的学习情况，发现教学中的问题和不足。其次，总结性评价能够促使教师反思自己的教学方法和策略，寻求改进和创新，提高教学效果。最后，总结性评价能够加强教师之间的交流和合作，使教师共同分享教学经验和资源，促进教师队伍的整体提升。

在教育管理中，总结性评价的应用可以帮助学校全面了解教学质量和学生的学习成果，从而制订科学、合理的教学计划和管理策略。此外，总结性评价还能够为学校的课程建设和教学改革提供重要依据，推动学校教育教学质量的不断提升。

（四）在推动教育改革与发展中的价值

总结性评价在推动教育改革与发展中也具有重要的价值。首先，它能够反映教育改革的成果和效果,为教育决策者提供重要的参考依据。通过总结性评价,决策者可以了解教育改革对学生学习和教师教学的实际影响,从而调整改革方向和策略,确保教育改革的有效实施。其次,总结性评价能够发现教育改革中存在的问题和不足,为教育改革提供改进方向和建议。最后,总结性评价能够推动教育研究的深入发展,为教育改革提供理论支持和实践指导。

在教育改革的大背景下,总结性评价的应用可以帮助教育者更好地把握教育发展的趋势和方向,推动教育改革的深入发展。同时,总结性评价能够促进教育研究的深入进行,为教育改革提供新的思路和方法,推动教育事业的持续进步。

二、总结性评价的设计与执行

(一)核心理念

总结性评价作为教育评估的重要组成部分,其在设计之初就需要确立明确的核心理念。这一理念应当贯穿于评价设计的全过程,确保评价活动的科学性和有效性。

首先,总结性评价设计的核心理念应强调学生的全面发展。这意味着评价不仅关注学生在知识、技能方面的掌握情况,还应关注学生的情感、态度、价值观等方面的发展。在设计评价内容时,应全面考虑这些因素,确保评价能够全面反映学生的真实水平。

其次,总结性评价设计应体现公平和公正。在评价过程中应尽量避免主观因素的影响,确保评价结果的客观性。同时,评价应面向全体学生,不偏袒任何一方,确保每个学生都能得到公平的评价。

再次,总结性评价设计应关注学生的学习过程。评价不仅应关注学生的学习成果,还应关注学生在学习过程中的表现和努力。通过评价学生在学习过程中的表现,教师可以更全面地了解学生的学习情况,为今后的教学提供更有针对性的调整。

最后,总结性评价设计应具有可操作性和可实践性。评价工具和方法的选择应考虑到实际操作的可行性，确保评价活动能够顺利进行。同时，评价设计应具有灵活性，能够根据不同学生的实际情况进行调整和修改。

在实际操作中，总结性评价设计应紧密结合学科特点和教学目标，确保评价内容能够真实地反映学生的学习成果和发展水平。同时，评价设计应充分考虑学生的个体差异和兴趣特点，确保评价活动能够激发学生的学习兴趣和积极性。

（二）具体步骤

总结性评价设计需要经历一系列具体的步骤，以确保评价活动的科学性和有效性。

首先，明确评价目标和标准。评价目标应与教学目标相一致，确保评价能够真实地反映学生的学习成果。评价标准应具有客观性和可测量性，能够准确地评价学生的学习水平。

其次，选择合适的评价工具和方法。评价工具和方法的选择应考虑到学科特点和学生的实际情况。在选择评价工具时，应注重工具的信度和效度；在选择评价方法时，应注重方法的多样性和灵活性。

再次，制订评价计划和时间表。评价计划应明确评价的具体内容和时间安排，确保评价活动能够有序进行。此外，应合理安排评价时间，避免与其他教学活动冲突。

最后，组织评价活动的实施。在实施评价活动时，应注重评价过程的规范性和公正性。同时，教师应及时收集评价数据，对评价结果进行统计和分析。

（三）执行过程管理

总结性评价的执行过程管理是确保评价活动顺利进行的关键。

首先，教师应充分准备评价活动所需的材料和工具，确保评价活动的顺利进行。同时，教师应提前向学生说明评价要求和注意事项，确保学生能够充分理解评价的目的和意义。

其次，在评价过程中，教师应保持客观公正的态度，避免主观因素对评价结果的影响。同时，教师应关注学生的个体差异和兴趣特点，为学生提供个性化的评价和指导。

再次，教师应及时收集评价数据，对评价结果进行统计和分析。在分析评价结果时，教师应关注学生的学习进步和发展的趋势，为今后的教学提供改进的依据。

最后，教师应及时向学生反馈评价结果，帮助学生了解自己的学习成果和发展水平。同时，教师应根据评价结果调整教学策略和方法，为学生提供更有针对性的教学指导。

（四）反思与改进

总结性评价的反思与改进是评价活动的重要环节。在评价结束后，教师应及时对评价活动进行反思和总结，发现问题和不足并提出改进措施。

首先，教师应反思评价设计的合理性和有效性。通过反思评价设计是否符合学生的实际情况和学科特点，教师可以发现评价设计存在的问题和不足，并提出改进建议。

其次，教师应反思评价执行过程的规范性和公正性。通过反思评价过程是否存在主观因素或操作不当的情况，教师可以发现评价执行过程中的问题并提出改进建议。

再次，教师应反思评价结果的准确性和可靠性。通过对比不同评价工具和方法得出的结果，教师可以评估评价结果的准确性和可靠性，并提出改进建议以提高评价质量。

最后，教师应将反思和改进的结果应用于今后的评价活动中，不断提高评价的科学性和有效性。同时，教师应积极与其他教师分享评价经验和方法，共同推动评价活动的持续改进和发展。

三、档案袋评价的原理与构建

（一）原理

档案袋评价作为一种注重过程、强调学生主体性的评价方式，原理在于构建一个能够全面展示学生学习过程、能力发展和个性特点的评价体系。这一原理主要基于以下几个方面的考虑：

首先，档案袋评价体现了"以学生为中心"的教育理念。它强调学生的主体地位，鼓励学生积极参与评价过程，通过收集、整理、反思自己的学习成果，培养学生的自主学习能力和自我管理能力。这种评价方式有助于激发学生的学习兴趣和主动性，促进学生的全面发展。

其次，档案袋评价关注学生的学习过程。它不仅关注学生的学习结果，更重视学生在学习过程中的表现、努力和进步。通过收集学生在学习过程中的各种作品、反思、观察记录等，档案袋评价能够全面、深入地了解学生的学习过程，帮助教师更加准确地把握学生的学习需求和问题，从而提供有针对性的教学指导。

再次，档案袋评价强调评价的真实性和多元性。它要求收集的材料必须是真实的、原始的，能够真实地反映学生的学习情况和能力水平。同时，档案袋评价融合了多种评价方法和手段，如作品展示、观察记录、自我评价等，以全面、客观地评价学生的学习成果和能力水平。这种评价方式能够避免传统评价中的"应试"现象，让评价更加真实、公正。

最后，档案袋评价具有发展性和动态性。它不是一个静态的、一次性的评价过程，而是一个持续发展的、动态变化的过程。通过不断地收集、整理、反思学生的学习成果，档案袋评价能够帮助学生了解自己的成长轨迹和进步情况，从而使学生更加清晰地认识自己的优势和不足，为其未来的学习和发展提供有力的支持。

（二）构建

构建档案袋评价需要经历以下几个阶段：

明确评价目标和内容。首先，需要明确档案袋评价的目标和内容，即要明确评价什么、为什么评价以及如何评价。评价目标应与学生的学习目标相一致，评价内容应涵盖学生的学习过程、能力发展和个性特点等方面。

制定评价标准和指标。根据评价目标和内容，制定具体的评价标准和指标。评价标准应具体、明确、可操作性强，能够客观、公正地评价学生的学习成果和能力水平。同时，需要制定一些辅助性的评价指标，如学习态度、合作能力、创新能力等，以全面反映学生的综合素质。

收集评价材料：按照评价标准和指标，收集学生的各种作品、反思记录、观察记录等评价材料。这些材料应真实地反映学生的学习过程和成果，全面、深入地展现学生的能力和水平。在收集材料时，应注重材料的多样性和代表性，避免单一化和片面化。

整理和分析材料。对收集到的评价材料进行整理和分析，以了解学生的学习情况和能力水平。在整理材料时，应注意分类和归纳，使材料更加清晰、有序。在分析材料时，应关注学生的学习过程、进步以及存在的问题和不足，为后续的反馈和指导提供依据。

反馈和指导。根据评价材料的分析结果，向学生提供有针对性的反馈和建议。反馈应具体、明确，能够帮助学生了解自己的优点和不足，明确改进的方向和方法。同时，教师应根据反馈结果调整教学策略和方法，以更好地促进学生的发展。

（三）实施要点

在实施档案袋评价时，需要注意以下几个要点：

确保评价材料的真实性和完整性。档案袋评价的有效性很大程度上取决于评价材料的真实性和完整性。因此，在收集和评价材料时，必须确保材料的真实性和完整性，避免虚假和片面的信息。

注重学生的参与和反思。档案袋评价强调学生的参与和反思。因此，在实施档案袋评价时，应注重学生的参与和反思过程，鼓励学生积极表达自己的观点和想法，对自己的学习过程和成果进行深入的反思和总结。

加强师生间的沟通和交流。档案袋评价需要教师和学生共同参与。因此，在实施档案袋评价时，应加强师生间的沟通和交流，建立良好的师生关系，确保评价的顺利进行。

及时反馈和调整。在实施档案袋评价的过程中，教师应及时向学生提供反馈和建议，帮助学生了解自己的学习情况和存在的问题。同时，教师应根据反馈结果及时调整教学策略和方法，以更好地促进学生的发展。

（四）意义与价值

档案袋评价作为一种新兴的评价方式，具有以下几个方面的意义和价值：

促进学生的全面发展。档案袋评价关注学生的全面发展，能够全面、深入地展现学生的能力和水平。这种评价方式有助于激发学生的潜能和兴趣，促进学生的全面发展。

培养学生的自主学习能力。档案袋评价强调学生的参与和反思，能够帮助学生养成自主学习的好习惯。通过参与评价过程，学生能够更好地了解自己的学习情况和存在的问题，从而有针对性地改进自己的学习方法和策略。

提高评价的科学性和有效性。档案袋评价融合了多种评价方法和手段，能够全面、客观地评价学生的学习成果和能力水平。这种评价方式能够避免传统评价中的"应试"现象，让评价更加科学、有效。

促进教育公平和质量的提升。档案袋评价注重每个学生的独特性和个性，能够避免传统评价中的"一刀切"现象。

四、档案袋评价在学生学习中的作用

（一）在促进学生自主学习中的作用

档案袋评价在促进学生自主学习方面发挥着重要作用。首先，它鼓励学生成为学习的主人，通过自主选择和整理档案袋中的学习材料，学生需要对自己的学习过程和成果进行深入的反思和总结。这种过程有助于学生认识到自己的学习需求、兴趣点和不足，从而更加主动地规划自己的学习路径和方法。

其次，档案袋评价为学生提供了一个展示自己的学习成果的平台。通过展示自己在不同阶段的学习作品、项目成果和反思日志等，学生能够得到来自教师、同学和家长的认可和鼓励，增强学习动力。同时，学生能够从他人的评价中获取反馈和建议，不断完善自己的学习方法和策略。

最后，档案袋评价有助于培养学生的自我管理能力。在整理档案袋的过程中，学生需要对自己的学习成果进行分类、归纳和整理，这有助于培养学生的时间管理、任务分配和决策能力等。这些能力对于学生未来的学习和生活都具有重要意义。

（二）在提升学生综合素质中的作用

档案袋评价在提升学生综合素质方面同样具有重要意义。首先，档案袋评价关注学生的全面发展，不仅评价学生的学科知识掌握情况，还评价学生的情感态度、价值观、合作能力、创新能力等非学术性素质。

这种评价方式有助于革除传统评价中过分强调分数的弊端，促进学生的全面发展。

其次，档案袋评价强调学生的实践能力和创新能力。在档案袋中，学生可以展示自己的实验报告、社会实践报告、创新项目等作品，这些作品能够真实地反映学生的实践能力和创新水平。通过评价这些作品，教师可以更好地了解学生的实践能力和创新水平，从而提供更加有针对性的教学指导。

最后，档案袋评价有助于培养学生的批判性思维和问题解决能力。在整理档案袋的过程中，学生需要对自己的学习成果进行反思和评价，这有助于培养学生的批判性思维。同时，学生需要针对自己的不足和问题制订改进计划，这有助于培养学生的问题解决能力。

（三）在促进教育公平中的作用

档案袋评价在促进教育公平方面发挥着积极作用。首先，档案袋评价注重每个学生的独特性和个性。在评价过程中，教师会充分考虑到每个学生的背景、兴趣、能力和需求等因素，为每个学生提供个性化的评价和指导。这种评价方式有助于避免传统评价中过分强调分数的问题，让每个学生都能够得到公平的评价和关注。

其次，档案袋评价鼓励学生参与评价过程。通过参与评价过程，学生能够更好地了解自己的学习情况和存在的问题，从而更加主动地改进自己的学习方法和策略。这种评价方式有助于提高学生的自我评价能力和自我管理能力，促进学生的全面发展。

最后，档案袋评价有助于加强家校合作。通过学生的档案袋，家长可以更加深入地了解孩子的学习情况和成长过程，与教师进行更加有效的沟通和交流。这种合作有助于形成教育合力，共同促进学生的发展。

（四）在优化教育资源配置中的作用

档案袋评价在优化教育资源配置方面也具有重要意义。首先，档案袋评价能够真实地反映学生的学习需求和问题。通过评价学生的档案袋，教师可以更加准确地了解学生的学习需求和问题所在，从而为学生提供更加有针对性的教学资源和支持。这种评价方式有助于避免教育资源的浪费和重复投入，提高教育资源的利用效率。

其次，档案袋评价有助于实现教育资源的个性化配置。在评价过程中，教师可以根据学生的个性、兴趣和能力等因素为学生配置个性化的教育资源。这种配置方式能够更好地满足学生的学习需求、激发学生的发展潜力，提高教育资源的针对性和有效性。

最后，档案袋评价有助于加强学校与社会的联系。通过展示学生的档案袋，学校可以更加深入地了解社会对人才的需求和期望，从而根据社会需求调整教育资源的配置和使用方式。这种联系有助于学校更好地服务于社会，提高教育资源的社会效益。

第三节　观察评价与自我反思

一、观察评价的种类

（一）直接观察法

直接观察法是一种直观且直接的评价手段，它要求评价者亲自进入观察环境，利用感官直接收集信息。这种方法适用于多个领域，包括教育、行为分析、工作场所评估等。

在教育领域，教师可以使用直接观察法来评估学生的学习表现。例如，在课堂上，教师可以通过观察学生的参与度、注意力集中程度、回答问题的准确性等方法来评价学生的学习状态和理解程度。这种观察方法有助于教师及时了解学生的学习情况，以便进行有针对性的教学调整。

在行为分析领域，直接观察法可以帮助研究者了解动物或人类的行为模式。研究者可以通过实地观察动物的自然行为或人类的日常活动，记录并分析行为发生的频率、持续时间、触发因素等。这种观察方法有助于揭示行为的本质和规律，为行为研究和干预提供依据。

在工作场所评估领域，直接观察法可以用于评估员工的工作效率、工作态度和团队协作等方面。管理者可以通过观察员工的工作过程、与同事的互动以及完成任务的质量等方法来评价员工的工作表现。这种观察方法有助于管理者了解员工的工作状态和需求，以便制定更合理的管理策略。

直接观察法的优点在于它能够提供直观、真实的信息，有助于评价者深入了解被观察对象的特点和表现。然而，这种方法也存在一些局限性，如观察者的主观性、观察时间的限制以及观察环境对观察结果的影响等。因此，在使用直接观察法时，评价者需要保持客观公正的态度，尽可能减少主观因素的影响，并注意选择合适的观察时间和环境，以确保观察结果的准确性和可靠性。

（二）间接观察法

间接观察法是一种通过非直接观察的方式来收集和分析信息的评价方法。与直接观察法不同，间接观察法不需要评价者亲自进入观察环境，而是通过各种媒介或记录来获取所需信息。

在间接观察法中，常见的媒介包括录像、照片、文档、社交媒体帖子、日志文件等。这些媒介可以记录下被观察对象的行为、活动或状态，供评价者后续分析和评估。例如，在教育领域，教师可以通过观看学生的课堂录像来评估其课堂参与度和互动情况；在市场调研中，研究人员可以通过分析社交媒体上的用户评论和帖子来了解消费者对产品的看法和需求。

间接观察法的优点在于它可以在不影响被观察对象的情况下进行，避免了直接观察可能带来的干扰和偏见。此外，间接观察法还可以记录较长时间段内的信息，有助于评价者更全面地了解被观察对象的行为和表现。

然而，间接观察法也存在一些局限性。首先，由于评价者无法亲自进入观察环境，因此其可能无法直接观察到一些细微的或突发的行为。其次，间接观察法所依赖的媒介可能存在质量问题，如录像的清晰度不够、文档的完整性不足等，这可能会影响评价结果的准确性。最后，间接观察法还容易受到媒介的偏见和误解的影响，因为媒介往往只能呈现部分信息，而忽略其他重要的细节。

因此，在使用间接观察法时，评价者需要仔细地选择媒介，确保其质量和可靠性。同时，评价者需要结合其他评价方法和信息来综合判断被观察对象的真实情况，以提高评价结果的准确性和可靠性。

（三）参与观察法

参与观察法是一种独特而深入的观察方法，它要求研究者不是仅仅作为旁观者来记录和分析现象，而是真正地参与被观察的环境或群体，成为其中的一员。这种方法的独特之处在于，它打破了传统观察中观察者与被观察者之间的界限，使得研究者能够更直接、更全面地了解研究对象的行为、态度、情感和互动方式。

在参与观察法中，研究者需要深入研究对象的日常生活或工作环境，与他们共同经历各种活动，与他们交流、互动，甚至参与他们的决策过程。通过长时间的参与和观察，研究者能够捕捉到那些在日常观察中难以察觉的细微之处，更深入地理解研究对象的内心世界和群体文化。

参与观察法的优点在于它能够提供丰富的、深入的、真实的第一手资料。由于研究者亲自参与研究环境，他们能够获得更加真实、准确的观察数据，避免了传统观察中可能存在的偏见和误解。此外，参与观察法还能够增强研究者的同理心和共情能力，使得他们更能够理解和尊重研究对象的生活方式和文化习惯。

然而，参与观察法也存在一定的挑战和限制。首先，研究者需要花费大量的时间和精力来建立与被研究对象的信任和关系，这需要研究者具备较高的沟通能力和人际交往能力。其次，参与观察法可能受到研究者个人主观性的影响，这需要研究者保持客观中立的立场，避免将自己的观点强加给研究对象。最后，参与观察法需要研究者具备较高的观察力和分析能力，能够从复杂的情境中提取出有价值的信息。

总之，参与观察法是一种独特而深入的观察方法，它要求研究者真正地参与研究环境，与被研究对象建立亲密的关系，通过长时间的观察和分析来深入了解他们的行为、态度、情感和互动方式。虽然这种方法存在一定的挑战和限制，但它能够提供丰富的、真实的第一手资料，让研究者产生深入的理解。

（四）量化观察法

量化观察法是一种通过具体、可度量的数据来观察和描述现象的方法。它强调使用统计和测量技术来揭示事物的数量关系、变化规律和模式。量化观察法通过精确的数据收集和分析，提供了对研究对象的客观、系统的理解。

在实施量化观察法时，研究者首先需要明确观察的目标和研究的问题。随后，他们会选择适当的测量工具和方法，如问卷调查、量表评分、行为计数等，以确保能够收集到准确、可靠的数据。这些工具和方法旨在将研究对象的特征、行为或现象转化为具体的数字或度量值。

一旦确定了测量工具和方法，研究者就会开始收集数据。他们可能会进行实地观察、实验或调查，以获取研究对象的具体信息。这些数据将被系统地记录、整理和分析，以便揭示其中的规律和模式。

量化观察法的优点在于其具有客观性和可验证性。通过明确的测量工具和标准化的数据分析方法，研究者能够减轻主观偏见和误解的影响，提高研究结果的可靠性和有效性。此外，量化观察法还允许研究者对大量数据进行处理和分析，从而揭示出隐藏在数据背后的复杂关系和趋势。

然而，量化观察法也存在一些限制和挑战。首先，量化数据可能无法完全捕捉到研究对象的主观感受、情感和态度。其次，量化观察法对于研究对象的多样性和复杂性可能不够敏感，容易忽略一些重要的细节和差异。最后，量化观察法需要研究者具备扎实的统计学和数据分析能力，以确保数据的准确性和可靠性。

总的来说，量化观察法是一种重要的研究方法，它通过具体、可度量的数据来揭示事物的本质和规律。尽管存在一些限制和挑战，但量化观察法在社会科学、心理学、教育学等领域仍然具有广泛的应用前景。

二、观察评价的实施技巧

（一）明确观察评价的目的与定位

观察评价作为教育过程中的重要环节，其目的不仅在于了解学生的学习状况，更在于为教学提供有针对性的反馈，以优化教学策略，促进学生的全面发展。因此，在实施观察评价之前，我们需要明确其目的与定位。

首先，明确观察评价的目的。观察评价的目的应当与教学目标紧密相关，旨在了解学生的学习进展、诊断学习困难、评估学习成果等。明确的目的有助于教师更有针对性地进行观察，确保评价的准确性和有效性。同时，教师应将观察评价作为教学改进的依据，通过评价结果的反馈，不断优化教学策略，提高教学效果。

其次，确定观察评价的定位。观察评价应当作为教学过程中的一种重要手段，贯穿于整个教学过程。它不应仅仅是一种期末或阶段性的评价方式，而应成为日常教学的一部分。通过日常的观察评价，教师可以及时了解学生的学习状况，为学生提供及时的指导和帮助，促进学生学习的进步。

（二）选择合适的观察方法与工具

观察评价的方法与工具多种多样，包括直接观察、间接观察、量表评价、作品分析等。在实施观察评价时，我们需要根据评价目的、学科特点和学生的实际情况选择合适的观察方法与工具。

首先，根据评价目的选择观察方法。如果评价目的是了解学生的学习过程，那么直接观察可能更为合适；如果评价目的是评估学生的学习成果，那么间接观察和量表评价可能更为有效。

其次，根据学科特点和学生的实际情况选择观察工具。不同的学科有不同的特点，需要不同的观察工具来支持评价。同时，学生的年龄、认知水平、兴趣爱好等因素会影响观察工具的选择。

因此，在选择观察工具时，需要充分考虑这些因素，确保评价的有效性和准确性。

（三）确保观察评价的客观性与公正性

观察评价的客观性与公正性是评价活动的基本要求。

为了确保评价的客观性与公正性，需要采取一系列措施来规范评价过程。

首先，建立明确的评价标准。评价标准是评价活动的基础和依据。因此，为了确保评价的客观性与公正性，需要建立明确的评价标准，明确评价的内容和标准，确保评价过程的一致性和可比性。

其次，采用多种评价方式相结合的方法。单一的评价方式往往存在局限性，无法全面反映学生的实际情况。因此，需要采用多种评价方式相结合的方法，如直接观察与间接观察相结合、量表评价与作品分析相结合等，以获取更全面、准确的评价信息。

最后，加强评价过程的监督与管理。评价过程的监督与管理是确保评价客观性与公正性的重要保障。

需要建立完善的评价监督机制，对评价过程进行全程监督和管理，确保评价活动的规范性和有效性。

（四）注重观察评价结果的反馈与应用

观察评价的结果反馈与应用是评价活动的重要环节。通过反馈评价结果，可以及时了解学生的学习状况和发展方向；通过应用评价结果，可以优化教学策略和方法，提高教学效果。

首先，及时反馈评价结果。教师需要将评价结果及时反馈给学生和家长，让他们了解学生的学习状况和发展方向。

同时，教师还需要根据评价结果为学生提供具体的指导和建议，帮助他们改进学习方法和提高学习效果。

其次，应用评价结果优化教学策略。评价结果可以为教师提供有价值的教学反馈。

通过分析评价结果，教师可以了解学生的学习需求和困难所在，从而调整教学策略和方法，更好地满足学生的学习需求和提高教学效果。

三、自我反思的意义与过程

（一）意义

自我反思是个人成长与发展的重要组成部分，它涉及个体对自我行为、思维、情感和价值观的深入审视。通过自我反思，我们能够更清晰地认识自己，发现自身的优点和不足，从而制订出更合适的个人发展计划。自我反思的意义从以下四个方面来详细阐述：

首先，自我反思有助于提升自我认知。在反思过程中，我们可以不断回顾自己的经历、感受和思考，逐渐形成对自我的全面认知。这种认知不仅包括外在的行为表现，还包括内在的心理状态和价值观。通过自我反思，我们能够更准确地把握自己的需求和动机，为未来的行动提供指导。

其次，自我反思有助于促进个人成长。在反思过程中，我们可以不断发现自己的不足之处，从而激发改进的动力。同时，我们能够发现自身的优点和潜力，进一步发挥自身优势，实现个人价值。通过自我反思，我们能够不断调整自己的行为和思维方式，逐渐成长为更加成熟、自信的人。

再次，自我反思有助于增强自我管理能力。在反思过程中，我们可以不断审视自己的行为和决策，发现其中的规律和模式。通过总结经验教训，我们能够逐渐培养出更加优秀的决策能力。同时，自我反思能够让我们更好地管理自己的情绪，避免冲动和过度反应。这种自我管理能力对于个人的工作和生活都具有重要意义。

最后，自我反思有助于增强社会责任感。在反思过程中，我们不仅要关注自己的成长和发展，还要关注社会和他人的需要。通过反思自己的行为对社会和他人的影响，我们能够更加明确自己的社会责任和使命。这种责任感能够激励我们为社会做出更多的贡献，推动社会的进步和发展。

（二）过程

自我反思的过程包括以下几个阶段：

第一，明确反思目标是自我反思的第一步。我们需要明确自己想要反思的方面及反思的目的,以便有针对性地进行反思。例如,我们可以针对自己的工作表现、人际关系、学习成果等方面进行反思。

第二,回顾经历是自我反思的重要环节。我们需要仔细回顾自己的经历,包括过去的成功和失败、经验和教训等。通过回顾经历,我们能够更加深入地了解自己的行为和思维方式。

第三,分析问题是自我反思的关键步骤。我们需要对回顾的经历进行深入分析,找出其中的问题和不足之处。这包括分析自己的行为是否符合预期、是否存在偏差或错误等。通过分析问题,我们能够更加清晰地认识自己的不足和需要改进的地方。

第四,制订计划是自我反思的重要输出。在明确问题和不足之处后,我们需要制定具体的改进计划。这包括制订目标、制订行动计划、设定时间表和评估标准等。通过制订计划,我们能够更加有针对性地改进自己的行为和思维方式。

第五,行动落实是自我反思的最终目的。我们需要将制订的计划付诸实践,并在实践中不断地调整和完善。通过行动落实,我们能够逐渐实现自我改进和提升的目标。

(三)深入探索

自我反思不仅是一种对过去的回顾,更是一种对现在的审视和对未来的规划。在这一部分,我们将从四个更深入的方面来探讨自我反思的意义与过程。

1. 增强自我认知的广度和深度

自我反思是增强自我认知的重要途径。通过反思,我们不仅能了解自己的外在行为,更能深入挖掘自己的内在动机、情感和价值观。这需要我们细致地观察自己在不同情境下的反应和表现,从中发现规律,了解自己的优势和劣势。例如,在反思工作表现时,我们可以思考自己在团队合作、问题解决和创新思维等方面的表现,从而更全面地认识自己。

此外,自我反思还能帮助我们识别自己的思维盲区。我们每个人都有自己的思维定式和习惯,这可能会限制我们的思考和行动。通过反思,我们可以发现自己的思维盲区，并尝试打破这些限制，拓宽自己的思维视野。

2. 促进个人成长的持续动力

自我反思是个人成长的持续动力。通过反思，我们可以发现自己的不足之处，并找到改进的方向。这需要我们保持开放的心态，勇于面对自己的不足，并愿意付出努力去改变。同时，自我反思能让我们发现自己的潜力和可能性，激发我们追求更高目标的动力。

在自我反思的过程中，我们可以制订具体的成长计划，并设定明确的目标和时间表。这有助于我们保持专注和富有动力，确保自己能够持续成长和进步。

3. 提升情绪管理和应对压力的能力

自我反思对于提升情绪管理和应对压力的能力至关重要。通过反思，我们可以深入了解自己的情绪状态和情感变化，找到情绪波动的根源和应对策略。例如，当遇到挫折和困难时，我们可以通过反思来调整自己的心态和情绪，保持积极乐观的态度。

此外，自我反思能帮助我们识别并应对压力源。在快节奏的生活中，我们经常会面临各种压力和挑战。通过反思，我们可以找到压力的来源和应对方法，从而减轻压力对我们的影响。

4. 加强人际关系和沟通技巧

自我反思对于加强人际关系和沟通技巧具有重要意义。通过反思自己在人际交往中的表现，我们可以发现自己在沟通、倾听和处理冲突等方面的问题，并找到改进的方法。

例如，在反思与同事的沟通时，我们可以思考自己表达是否清晰、是否能尊重对方的意见、是否能及时给予反馈等。

通过自我反思和不断实践，我们可以逐渐提升自己在人际交往中的能力和技巧，建立更加和谐的人际关系。同时，这有助于我们在工作和生活中更好地与他人合作和协作。

综上所述，自我反思在增强自我认知、促进个人成长、提升情绪管理和应对压力的能力以及加强人际关系和沟通技巧等方面都具有重要意义。通过不断地自我反思和实践，我们可以成为更加成熟、自信和有能力的个体。

四、如何引导学生进行自我反思

（一）创设反思氛围，激发学生的反思意愿

引导学生进行自我反思的首要任务是创设一个积极、开放、包容的反思氛围。只有在这样的环境中，学生才能感受到反思的价值，才能激发他们进行自我反思的意愿。

教师应以身作则，成为反思的榜样，通过分享自己的反思经历，让学生看到反思对于个人成长的重要性。同时，教师应鼓励学生大胆地表达自己的想法和感受，并对于他们的观点给予尊重和肯定，从而营造出一个开放、包容的反思氛围。

教师可以通过设计具有挑战性的学习任务来激发学生的反思意愿，当学生在完成任务的过程中遇到困难和挑战时，他们自然会回顾自己的行为和思维方式，从而进行反思。例如，教师可以设置一些开放性的问题或项目，让学生自行探索和解决，这样可以促进学生主动地进行反思。

（二）提供反思方法，指导学生进行反思

引导学生进行自我反思需要教师提供一些具体的反思方法，以帮助学生更好地进行反思。

教师可以指导学生进行日记反思，学生可以通过写日记的方式记录自己每天的学习和生活经历，并对这些经历进行反思和总结。教师可以引导学生关注自己的情感变化、思维过程和行为表现等方面，帮助他们更深入地了解自己的内心世界。

教师可以组织学生进行小组讨论或角色扮演等活动，让学生在互动中进行反思。通过小组讨论，学生可以分享彼此的观点和经验，从而发现自己的不足之处并找到改进的方法。通过角色扮演，学生可以模拟真实的情境并扮演不同的角色，从而体验不同角色的视角和情感变化，这有助于学生更加客观地认识自己和他人。

此外，教师可以引导学生使用思维导图等工具进行反思。通过绘制思维

导图，学生可以将自己的思维过程可视化地呈现出来，从而更加清晰地看到自己的思考路径和逻辑结构。

（三）培养反思习惯，形成反思文化

教师引导学生进行自我反思需要培养学生的反思习惯，并逐渐形成反思文化。

教师可以通过定期布置反思作业来培养学生的反思习惯，如教师可以要求学生每周写一篇反思日记或进行一次自我评估，让学生逐渐养成反思的习惯。同时，教师可以在课堂上留出时间让学生进行自我反思和交流分享，从而加深学生对反思的理解和认识。

教师可以通过树立榜样和表彰优秀学生的方式来形成反思文化，学生在反思中取得进步和成果时，教师应及时给予肯定和鼓励。同时，教师可以通过表彰优秀的反思作品或分享优秀的反思经验等方式来激励更多的学生参与反思。

（四）关注反思效果，持续优化引导策略

在引导学生进行自我反思的过程中，教师需要关注反思效果，并根据实际效果持续优化引导策略。

教师可以通过观察学生的反思行为和反思成果来评估反思效果。例如，教师可以关注学生的反思日记是否真实、深入，学生在小组讨论中是否积极参与、主动发言，等等。同时，教师可以通过与学生的交流和互动来了解他们的反思体验和感受。

教师可以根据学生的反思效果和反馈来优化引导策略。例如，如果发现学生在反思过程中存在困难或问题，教师可以提供更具针对性的指导和帮助；如果发现学生的某种反思方法效果不佳，教师可以尝试引入其他更有效的反思方法。

引导学生进行自我反思需要教师从多个方面入手，包括创设反思氛围、提供反思方法、培养反思习惯和关注反思效果等。通过持续的引导和支持，学生可以逐渐养成自我反思的习惯、增强自我反思的能力，并在反思中不断成长和进步。

第四章 教师评价与评估体系

第一节 教师教学能力的评价

一、教学能力评价的标准

（一）教学准备与组织能力

在教学能力评价中，教学准备与组织能力是首要且基础的一环。这一标准涵盖了教师对教学内容的理解、教学目标的设定、教学计划的制订以及教学资源的准备等方面。

首先，教师应深入研究和理解所教内容，确保自己对知识点的理解准确无误，并能将复杂的知识以易于理解的方式传授给学生。其次，教师应根据课程大纲和学生的学习水平，合理设定教学目标，确保教学目标既具有挑战性又具备可行性。最后，教师应制订详细的教学计划，包括教学进度、教学方法、教学活动等，确保教学过程的顺利进行。

在教学资源准备方面，教师应充分利用各种教学资源，如教材、教具、多媒体设备等，为教学提供有力的支持。此外，教师还应关注学生的学习需求，根据学生的反馈和实际情况，灵活调整教学计划和教学方法，确保教学目标的达成。

（二）教学方法与手段的运用

教学方法与手段的运用是衡量教师教学能力的重要标准之一。教师应根据教学内容和学生的学习特点，灵活运用多种教学方法和手段，以激发学生的学习兴趣和积极性。

例如，教师可以采用讲授法、讨论法、案例分析法等多种教学方法，以帮助学生更好地理解和掌握知识点。同时，教师可以利用多媒体设备、网络资源等现代化教学手段，丰富教学内容和形式，提高教学效果。

在运用教学方法和手段的过程中，教师应注重培养学生的自主学习能力、探究能力和创新能力，通过引导学生进行自主学习、独立思考和团队合作等活动，激发学生的创造力和想象力，提高学生的综合素质。

（三）课堂管理与互动能力

课堂管理与互动能力是评价教师教学能力的重要标准之一。教师应具备良好的课堂管理能力，确保课堂秩序井然有序，同时能够与学生建立良好的互动关系，激发学生的学习兴趣和积极性。

在课堂管理方面，教师应注重培养学生的自律意识和规则意识，通过制定明确的课堂规则和奖惩机制，引导学生自觉遵守课堂纪律。同时，教师应关注学生的情绪变化和行为表现，及时发现问题并采取措施加以解决。

在师生互动方面，教师应注重与学生的情感交流和思想碰撞。通过提问、讨论、互动游戏等方式，引导学生积极参与课堂活动，发表自己的观点和看法。同时，教师应关注学生的反馈和意见，及时调整教学策略和方法，以满足学生的学习需求。

（四）教学效果与反思能力

教学效果与反思能力是评价教师教学能力的重要标准之一。教师应关注自己的教学效果，通过考试、作业、问卷调查等方式收集学生的反馈和意见，了解自己的教学优点和不足。同时，教师应具备反思能力，对自己的教学过程进行反思和总结，找出问题所在并寻求改进的方法。

在教学效果方面，教师应关注学生的学习成果和进步情况。通过对比分析学生的成绩、作业质量、课堂表现等数据，了解学生的学习情况和教学效果。同时，教师应关注学生的学习态度、学习兴趣等方面的变化，以全面评估自己的教学效果。

在反思能力方面，教师应具备批判性思维和创新精神。通过反思自己的教学过程和方法，发现其中的问题和不足，并寻求改进的方法。同时，教师应关注教育领域的新动态和新趋势，不断更新自己的教育理念和教学方法，以适应时代的发展和学生的需求。

二、课堂教学观察与评价

（一）目标与原则

教师在进行课堂教学观察与评价时，首先需要明确观察与评价的目标和原则。目标是指导我们进行观察和评价的方向，而原则是确保观察和评价活动公正、客观、有效的基石。

观察与评价的目标主要包括了解教师的教学风格和教学能力，评估学生的学习效果和兴趣，以及发现教学中存在的问题和改进的空间。通过这些目标，我们可以更加全面地了解课堂教学的实际情况，为改善教学效果提供有力的支持。

在观察与评价的原则方面，我们需要遵循以下几点：首先，公正客观是基本原则，即评价者应该避免个人偏见和主观臆断的出现，以事实为依据进行评价。其次，全面细致是重要原则，即评价者应该关注课堂教学的各个方面，包括教学内容、教学方法、师生互动等。再次，及时反馈是必要原则，即评价者应该及时将评价结果反馈给教师和学生，帮助他们了解自己的优点和不足，以便及时改进。最后，持续改进是核心原则，即评价不应该仅仅停留在发现问题上，更应该关注如何解决问题，促进教学效果的持续改善。

（二）内容与方法

课堂教学观察与评价的内容主要包括教师的教学表现、学生的学习情况以及课堂的整体氛围等方面。在评价教师的教学表现时，我们可以关注教师的教学目标是否明确、教学内容是否充实、教学方法是否多样、师生互动是否充足等方面。在评价学生的学习情况时，我们可以关注学生的学习态度是否积极、学习效果是否显著、学习兴趣是否浓厚等方面。在评价课堂的整体氛围时，我们可以关注课堂氛围是否活跃、是否有利于学生的学习等方面。

在评价方法方面，我们可以采用多种手段进行观察和评价。例如，评价者可以采取观察法，通过观察课堂的实际情况来了解教师的教学表现和学生的学习情况；可以采取问卷调查法，通过向学生发放问卷来了解他们对课堂的看法和感受；可以采取访谈法，通过与教师和学生进行访谈来深入了解他们的想法和意见。此外，我们还可以利用现代技术手段进行观察和评价，如录像回放、数据分析等。

（三）结果分析与应用

观察与评价的结果分析是评价活动的重要环节之一。通过对评价结果的分析，我们可以了解课堂教学的实际情况和存在的问题，为改善教学效果提供有力的支持。

在结果分析方面，我们需要对收集到的数据和信息进行整理、归纳和分析。首先，我们可以对教师的教学表现进行量化评价，如统计教师的教学目标达成率、教学方法使用频率等。其次，我们可以对学生的学习情况进行量化评价，如统计学生的作业完成率、考试成绩等。最后，我们可以对课堂的整体氛围进行定性评价，如描述课堂氛围的活跃程度、学生的参与度等。

在结果应用方面，我们需要将评价结果及时反馈给教师和学生，并帮助他们了解自己的优点和不足。对于教师来说，评价结果可以帮助他们了解自己在教学中存在的问题和不足，并寻求改进的方法；对于学生来说，评价结果可以帮助他们了解自己的学习情况和进步空间，并激发他们的学习兴趣和动力。此外，我们还可以将评价结果作为教学改进的依据之一，为教学改进提供有力的支持。

（四）挑战与应对

在进行课堂教学观察与评价时，我们也面临着一些挑战。首先，评价者的主观性可能会影响评价结果的公正性和客观性。其次，课堂观察的时间和范围有限，我们可能无法全面了解课堂教学的实际情况。最后，评价结果的反馈和应用可能存在困难,我们需要克服各种障碍。

为了应对这些挑战,我们可以采取以下措施。首先,加强评价者的培训和管理,提高他们的专业素养和客观公正性。其次,采用多种手段进行观察和评价,尽可能全面地了解课堂教学的实际情况。再次,建立健全的反馈机制和应用机制,确保评价结果能够及时反馈给教师和学生并得到有效应用。最后,加强与其他教育领域的合作和交流,共同推动课堂教学观察与评价的发展和创新。

三、学生评价与反馈

(一)重要性与意义

学生评价在教育教学过程中占据着举足轻重的地位,其重要性与意义不容忽视。首先,学生评价是对教学质量最直接的反映,通过学生的视角和感受,我们能够更加真实、全面地了解教学效果。其次,学生评价有助于激发学生的学习兴趣和动力,让学生更加积极地参与学习,提升学习效果。此外,学生评价还能促进教师与学生之间的交流与沟通,增进师生之间的理解与信任,构建和谐的师生关系。

在实际应用中,学生评价可以通过多种方式进行,如问卷调查、口头反馈、小组讨论等。这些方式各具特点,可以根据实际情况灵活选择。例如,问卷调查可以收集大量学生的意见和建议,为改善教学效果提供有力支持;口头反馈能够及时了解学生的学习感受和需求,为教学调整提供依据;小组讨论则能够让学生在互动中深化对知识的理解和应用。

(二)内容与维度

学生评价的内容与维度应该全面、具体、可操作。一般来说,学生评价可以包括以下几个方面:

教学内容评价。其包括学生对教学内容的理解程度、兴趣度以及与实际生活的联系等方面的评价。这有助于教师了解学生对教学内容的接受程度和需求，以便调整教学内容和方式。

教学方法评价。其包括学生对教学方法的适应性、有效性以及创新性等方面的评价。这有助于教师了解教学方法的优缺点和改进方向，以便更好地激发学生的学习兴趣和动力。

教学效果评价。其包括学生对自己学习效果的满意度以及学习成果的评价。这有助于教师了解学生的学习情况和进步空间，以便为学生提供更有针对性的指导和帮助。

教师评价。其包括学生对教师的教学态度、专业素养以及师生互动等方面的评价。这有助于教师了解自己在学生心目中的形象和地位，以便更好地发挥自身的优势和能力。

（三）收集与处理

学生评价的收集与处理是学生评价工作的关键环节。首先，要确保评价的客观性和真实性，避免评价过程中的主观性和偏见。其次，要采用多种方式收集评价信息，确保信息的全面性和准确性。最后，要对收集到的评价信息进行整理、分析和归纳，提炼出有价值的信息和建议。

在实际操作中，教师可以通过设计合理的评价问卷、组织小组讨论或个别访谈等方式来收集评价信息。对于收集到的评价信息，教师可以采用统计分析、内容分析等方法进行处理和分析。例如，教师可以通过计算各项评价指标的平均分、标准差等指标来评估学生对教学的整体满意度，通过对比不同年级、不同班级的评价结果来发现教学中的普遍和个别问题，通过分析学生的具体意见和建议来找出教学改进的方向和重点。

（四）结果的反馈与应用

学生评价结果的反馈与应用是学生评价工作的最终环节。首先，要将评价结果及时反馈给教师和学生，让他们了解自己的优点和不足以及改进的方向和重点。其次，要根据评价结果制定相应的教学改进措施，为教学质量的提升提供有力支持。

在实际应用中，可以通过召开教学反馈会议、发布教学改进报告等方式将评价结果反馈给教师和学生。同时，要根据评价结果制定具体的教学改进措施，如调整教学内容、改进教学方法、加强师生互动等。此外，还要建立健全的跟踪评估机制，对改进措施的实施效果进行定期评估和总结，确保改进措施的有效性和可持续性。

总之，学生评价与反馈是教育教学过程中不可或缺的一环。通过全面、具体、可操作的学生评价工作，我们可以更加真实、全面地了解教学效果和学生的学习情况，为提升教学质量提供有力支持。同时，学生评价还能促进教师与学生之间的交流与沟通，增进师生之间的理解与信任，构建和谐的师生关系。

四、教学能力的持续提升

（一）必要性与紧迫性

随着教育改革的深入发展和教学理念的更新，教学能力的持续提升已成为教师职业发展的必然要求。首先，教育环境的不断变化要求教师必须不断学习和适应新的教学方法和策略，以满足学生的学习需求。其次，学生群体的多样性和个性化特点要求教师具备更高的教学灵活性和创新性，以激发学生的学习兴趣和潜能。最后，教育技术的发展也为教学能力的提升提供了新的机遇和挑战，其要求教师不断学习和掌握新技术，以丰富教学手段和提高教学效果。

为了应对这些挑战，教师必须认识到教学能力提升的必要性和紧迫性。只有不断提升自己的教学能力，才能适应教育环境的变化和学生需求的变化，为学生提供更优质的教学服务。同时，教学能力的提升是教师职业发展的重要组成部分，有助于提升教师的职业竞争力和社会认可度。

（二）途径与方法

教学能力的持续提升需要多种途径和方法的支持。首先，教师可以通过参加教育培训和研讨会等方式获取新的教学理念和教学方法，了解最新的教育动态和趋势。这些活动可以帮助教师拓宽视野、更新知识、提高教学水平。

其次，教师可以通过自我学习和实践来不断提升自己的教学能力，教师可以利用课余时间阅读专业书籍、观看教学视频、参加在线课程，同时可以通过教学实践来检验和反思自己的教学方法和策略，不断改进和完善自己的教学技能。

最后，教师可以与同事、同行进行交流和合作，共同探讨教学问题，分享教学经验，互相学习和借鉴。这种交流和合作可以帮助教师发现自身的不足和局限，同时可以通过借鉴他人的优点和经验，来提高自己的教学水平。

（三）保障与支持

教学能力的持续提升需要得到保障和支持。首先，学校和教育部门应该为教师提供必要的培训和学习机会，鼓励教师参加各种教育培训和研讨会等活动，为教师提供广阔的学习和交流平台。

其次，学校和教育部门应该为教师提供必要的资源和支持，如教学设备、教学资料、教学资金等，以满足教师的教学需求，提高教学效果。同时，学校和教育部门应该建立健全的教学评估和激励机制，对教师的教学成果进行公正、客观的评价和奖励，激发教师的教学积极性和创新精神。

最后，学校和教育部门应该加强教学研究和教学改革，推动教学理念的更新和教学方法的创新。加强教学研究和教学改革可以不断探索和尝试新的教学方法和策略，为教师提供更多的教学创新空间和发展机会。

（四）长远意义与影响

教学能力的持续提升不仅对教师个人的职业发展具有重要意义，也对教育事业的长远发展有着深远影响。首先，教学能力的提升有助于提高教师的教学质量和教学效果，为学生提供更优质的教学服务，促进学生的全面发展。

其次，教学能力的提升有助于推动教育改革和创新。只有具备较强教学能力的教师才能更好地适应教育改革的需求和挑战，为教育事业的发展贡献自己的力量。

再次，教学能力的提升有助于推动教学方法和策略的创新，为教育事业的发展注入新的活力和动力。

最后，教学能力的提升有助于提升教师的社会地位和认可度。随着教育事业的发展和社会对教育的重视程度的提高，教师的社会地位和社会对教师的认可度也在不断提高。教学能力的提升则是教师获得社会认可和尊重的重要条件之一。因此，教师应该注重自身教学能力的提升，不断学习和实践新的教学理念和教学方法，为教育事业的发展贡献自己的力量。

第二节　教师课堂管理的评估

一、课堂管理评估的重要性

（一）提升教学质量与学生参与度

课堂管理评估的重要性首先体现在其对教学质量的直接影响上。一个有序的课堂环境是学生有效学习的基础。通过对课堂管理进行评估，教师可以清晰地认识到自己在课堂组织、时间管理、纪律维护等方面的优势与不足，从而有针对性地改进教学策略，提升教学质量。同时，良好的课堂管理能够减少学生的分心行为，使学生集中注意力，提高学生的参与度，进而提高学生的学习效果。

课堂管理评估还能够促进教学方法的创新。在评估过程中，教师会不断思考如何更有效地管理课堂，这有助于教师尝试新的教学手段和策略，丰富教学内容，使课堂更加生动有趣，激发学生的学习兴趣和热情。

（二）构建和谐的师生关系与良好的学习氛围

课堂管理评估对于构建和谐的师生关系和良好的学习氛围具有重要意义。首先，通过评估，教师可以更好地了解学生的需求和期望，关注学生的个体差异，从而采取更加个性化的教学方式，满足学生的不同需求。这种关注和尊重能够增强学生对教师的信任和尊重，促进师生之间的良性互动。

良好的课堂管理能够营造积极向上的学习氛围。在一个有序、积极的课堂环境中，学生会更加愿意学习，与同学进行交流和合作，共同解决问题。这种氛围能够激发学生的学习兴趣和创造力，培养学生的团队精神和协作能力。

（三）提高教学效率与资源利用率

课堂管理评估还能够提高教学效率和资源利用率。通过评估，教师可以优化课堂时间分配，确保每个环节都紧凑有效。同时，教师能够更好地利用教学资源，如多媒体设备、图书资料等，使这些资源的价值得到充分发挥。这不仅能够提高教学效率，还能够减轻学生的课业负担，使学生在轻松愉悦的氛围中完成学习任务。

课堂管理评估还能够促进教学资源的共享和优化配置。在评估过程中，教师可以发现教学资源的不足和浪费现象，从而提出改进措施和建议。这有助于实现教学资源的优化配置和合理利用，提高整个教育系统的效率和质量。

（四）促进教师个人成长与职业发展

课堂管理评估对于促进教师个人成长和职业发展具有重要意义。首先，通过评估，教师可以更加清晰地认识自己的教学风格和特点，发现自己在课堂管理方面的优势和不足。这有助于教师反思自己的教学行为，不断改进和完善自己的教学策略和方法。

课堂管理评估还能够为教师提供学习和发展的机会。在评估过程中，教师可以与其他教师进行交流和合作，分享教学经验和技巧，共同提高教学水平。

同时，教师可以参加各种教育培训和研讨会等活动，了解最新的教育理念和教学方法，不断提升自己的专业素养和教学能力。

课堂管理评估还能够为教师提供职业发展的方向和目标。通过评估结果的分析和总结，教师可以明确自己在职业发展中的优势和不足，制定个性化的职业发展计划，为自己的职业发展提供有力支持。

二、课堂管理行为观察

(一)目的与意义

课堂管理行为观察是提升教学质量、优化学习环境的重要手段。其目的在于通过直接观察和分析教师在课堂上的管理行为,为教师提供具体的反馈和改进建议。这种观察行为不仅有助于教师自我反思和成长,也有助于学校和教育部门了解教师的教学状态,为其制定针对性的教学支持政策提供依据。

从教师的角度来看,课堂管理行为观察能够帮助他们更加清晰地认识到自己在课堂管理方面的优点和不足。通过观察他人的课堂管理行为,教师可以学习到更多的管理技巧和方法,提升自己的管理能力。同时,这种观察能够激发教师的自我提升意识,促使他们不断学习和进步。

从学生的角度来看,课堂管理行为观察有助于优化学习环境,提高学习效果。一个有序、积极的课堂环境能够减少学生的分心行为,使学生集中注意力。同时,良好的课堂管理能够增强学生的归属感和安全感,使学生能够在更加舒适的环境中学习。

从学校和教育部门的角度来看,课堂管理行为观察有助于了解教师的教学状态和教学需求,为制定针对性的教学支持政策提供依据。通过观察和分析教师的课堂管理行为,学校和教育部门可以更加准确地评估教师的教学水平和管理能力,为教师提供更有针对性的培训和支持。

(二)内容与方法

课堂管理行为观察的内容主要包括教师的课堂组织、时间管理、纪律维护、师生互动等方面。在观察过程中,我们可以采用多种方法,如直接观察、录像回放、学生反馈等。直接观察是最常用的方法,通过直接观察教师的课堂行为,我们可以了解教师的管理技巧和策略。录像回放则能够记录整个课堂过程,方便后续分析和总结。学生反馈则可以提供从学生视角出发的课堂管理评价,帮助教师更加全面地了解课堂管理效果。

在观察过程中,需要注意以下几点:首先,要确保观察的客观性和公正性,避免主观臆断和偏见。其次，要注意观察的全面性和深入性，尽可能多地收集相关信息。最后，要及时地记录和分析观察结果，为后续的反馈和改进提供依据。

（三）实施步骤

课堂管理行为观察包括以下实施步骤：第一，需要明确观察的目标和重点，确定需要观察的内容和观察方法。第二，需要制定详细的观察计划，包括观察时间、地点、对象等。第三，按照计划实施观察，记录相关信息。第四，对观察结果进行分析和总结，找出优点和不足。第五，向教师提供具体的反馈和建议，帮助他们改进课堂管理行为。

（四）应用与效果

课堂管理行为观察，可以广泛应用于各种类型的教学环境中。通过课堂管理行为观察，教师可以更加清晰地认识到自己在课堂管理方面的优点和不足，从而有针对性地进行改进。同时，这种观察能够为学校和教育部门提供有关教师教学状态和教学需求的信息，为制定针对性的教学支持政策提供依据。

在实际应用中，课堂管理行为观察已经取得了显著的效果。通过观察和分析教师的课堂管理行为，我们可以找出存在的问题和不足，并提出具体的改进建议。这些建议可以帮助教师优化课堂管理策略和方法，提高课堂管理效果。同时，这种观察能够促进教师之间的交流和合作，共同提高教学水平和管理能力。

三、课堂管理效果的评估

（一）重要性

课堂管理效果的评估是教育过程中不可或缺的一环，其重要性主要体现在以下几个方面。首先，评估课堂管理效果有助于了解教师的教学风格和管理能力，为教师的专业发展提供方向。通过评估，教师可以清晰地认识到自己在课堂管理方面的优点和不足,从而有针对性地进行改进。其次,评估课堂管理效果能够为学生提供更好的学习环境,促进学生的全面发展。一个有序、积极的课堂环境能够激发学生的学习兴趣和积极性,提高学生的学习效果。最后,评估课堂管理效果有助于学校和教育部门了解教学质量和教学效果的整体情况,为教育政策的制定和改革提供依据。

(二)维度与指标

在评估课堂管理效果时,我们需要关注多个维度和指标。首先,课堂纪律是评估课堂管理效果的重要指标之一。一个井然有序的课堂环境是学生学习的基础,教师需要关注学生在课堂上的行为表现,确保学生遵守课堂纪律,不干扰其他同学的学习。其次,师生互动是评估课堂管理效果的另一个重要维度。良好的师生互动能提高学生的学习兴趣和参与度,教师可以通过提问、讨论等方式与学生进行互动,了解学生的学习情况和需求。此外,课堂氛围、学生参与度和学习效果等也是评估课堂管理效果的重要维度和指标。

(三)方法与工具

准确地评估课堂管理效果需要采用科学的方法和工具。首先,观察法是一种常用的评估方法。教师可以通过直接观察学生在课堂上的行为表现、师生互动情况等,了解课堂管理的实际效果。其次,教师还可以利用录像、录音等技术手段对课堂进行记录和分析,以获取更全面的信息。再次,问卷调查法也是一种有效的评估工具。教师可以通过设计问卷,向学生收集关于课堂管理效果的反馈意见,了解学生的真实感受和需求。最后,教师还可以利用教学日志、学生作业等方式收集相关信息,对课堂管理效果进行评估。

在实施评估时,需要注意以下几点。首先,要确保评估的客观性和公正性。在评估过程中应采用科学的方法和工具,尽量避免主观臆断和偏见。其次,要注重评估的全面性和深入性。评估应关注多个维度和指标,深入了解课堂管理的实际效果。再次,要注重评估的及时性和针对性,及时发现问题并提供具体的改进建议。最后,要注重评估结果的反馈和应用。评估结果应及时反馈给教师和相关人员,帮助他们了解课堂管理的实际情况,为改进提供依据。

（四）应用与价值

课堂管理效果评估的应用和价值主要体现在以下几个方面：首先，评估结果可以为教师提供具体的反馈和建议，帮助他们改进课堂管理策略和方法，提高课堂管理效果。其次，评估结果可以为学校和教育部门提供有关教学质量和教学效果的信息，为制定有针对性的教学支持政策提供依据。再次，评估结果可以作为教育研究和改革的重要参考，推动教育事业的不断发展。最后，课堂管理效果评估有助于提升教师的专业素养和教学能力，促进教师的个人成长和职业发展。通过评估，教师可以更加清晰地认识到自己在课堂管理方面的优点和不足，从而有针对性地进行学习和提升。

四、改进课堂管理的策略

（一）建立明确的课堂规则与期望

课堂管理的核心在于为学生和教师营造一个有序、和谐的课堂环境。为了达成这一目标，首先需要建立明确的课堂规则和期望。这些规则应该涵盖学生的行为、学习态度、作业提交等方面，并在开学之初就应向学生明确地传达。明确的规则有助于学生了解课堂中的行为边界，减少不必要的冲突和混乱。

在设定规则时，教师应充分考虑学生的年龄、认知水平和学科特点，确保规则既具有约束性又符合学生的实际情况。同时，教师应通过班会、家长会等渠道与家长沟通，让家长了解并支持课堂规则，形成家校共育的良好氛围。

此外，教师应定期对课堂规则进行评估和调整，以适应学生的变化和学科的发展。在评估过程中，教师可以通过观察、问卷调查等方式收集学生和家长的反馈意见，对规则进行有针对性的修改和完善。

（二）优化课堂组织与时间管理

课堂组织和时间管理是课堂管理的重要组成部分。一个高效的课堂组织能够确保教学活动的顺利进行,而合理的时间管理能够充分利用课堂时间,提高教学效率。

为了优化课堂组织,教师可以采用多种教学策略,如小组合作学习、项目式学习等,以激发学生的学习兴趣和提高其参与度。同时,教师应合理安排教学进度和教学内容,确保学生在课堂上能够充分吸收和掌握知识。

在时间管理方面,教师应根据学生的实际情况和学科特点,制定合理的教学计划和时间表。在教学过程中,教师应严格控制每个环节的时间,确保每个环节都能够按时完成。同时,教师应留出一定的时间供学生提问和讨论,以提高学生的参与度。

(三)加强师生互动与情感交流

师生互动和情感交流是课堂管理的重要方面。积极的师生互动能够激发学生的学习兴趣和积极性,而良好的情感交流能够增强师生之间的信任和尊重。

为了加强师生互动,教师可以采用多种教学方法和手段,如提问、讨论、角色扮演等,以激发学生的思考和参与度。同时,教师应关注学生的个体差异和需求,采用个性化的教学方式和方法,以满足不同学生的学习需求。

在情感交流方面,教师应关注学生的情感变化和心理需求,积极与学生进行沟通和交流。教师应关注学生的优点和进步,及时给予肯定和鼓励;也要关注学生的问题和困难,提供必要的帮助和支持。这种情感交流能够增强师生之间的信任和尊重,为课堂管理奠定良好的基础。

(四)持续反思与改进课堂管理策略

课堂管理是一个动态的过程,需要不断地反思和改进。教师应定期对自己的课堂管理策略进行反思和总结,发现问题和不足并及时进行改进。

在反思过程中,教师可以通过观察、问卷调查、教学日志等方式收集相关信息和数据,对课堂管理效果进行评估和分析。同时,教师可以与其他教师进行交流和合作,分享课堂管理的经验和技巧,共同提高教学水平和管理能力。

在改进课堂管理策略时，教师应根据学生的实际情况和学科特点，制定有针对性的改进措施和方法。这些措施可以包括调整课堂规则、优化教学组织、加强师生互动等方面。通过不断的反思和改进，教师可以逐步完善自己的课堂管理策略，提高课堂管理效果。

第三节　教师绩效评价的公平性

一、教师绩效评价的原则

（一）全面性与多维度的原则

教师绩效评价的全面性原则要求我们在评价过程中充分考虑教师的各个方面，包括教学工作、科研能力、学生指导、师德师风等多个维度。这是因为教师的职责是多元的，他们不仅要承担教学任务，还需要进行科学研究、指导学生等工作。因此，我们在设计评价标准和指标时，必须全面地考虑，以确保评价的准确性和公正性。

在具体实践中，我们可以根据学校的实际情况和教师的职责特点，设计涵盖多个维度的评价指标体系。例如，在教学工作方面，我们可以从教学态度、教学方法、教学效果等多个角度进行评价；在科研能力方面，我们可以从科研成果的数量、质量、影响力等方面进行评价；在学生指导方面，我们可以从指导学生的数量、水平、获奖情况等方面进行评价。这样的评价体系能够更加全面地反映教师的绩效水平。

同时，我们需要注意避免过度强调单一指标的问题。有时候，我们可能会过分关注某些指标，如学生的考试成绩或教师的论文发表数量等，而忽视了其他重要的方面。这种做法会导致评价的片面性和不公平性，因此我们需要在评价过程中遵循全面性和多维度的原则。

（二）客观性与公正性的原则

教师绩效评价的客观性和公正性是评价工作的基本要求。客观性原则要求我们在评价过程中要遵循客观事实和数据,避免主观臆断和偏见的影响。公正性原则要求我们在评价过程中要公平地对待每一位教师,不偏袒也不歧视。

为了确保评价的客观性和公正性,我们需要制定明确的评价标准和程序,并严格按照这些标准和程序进行评价。同时,我们需要建立透明的评价机制和监督机制,确保评价工作的公开、公平和公正。

例如,我们可以建立教师自评、同行互评、学生评价等多种评价渠道,并对评价结果进行公示和反馈。

这样既可以让教师更加了解自己的绩效水平,也可以让公众更加信任评价结果的公正性。

此外,我们还需要注意避免评价过程中的主观性和偏见问题。有时候,我们可能会因为对某位教师的个人喜好或偏见而对其评价过高或过低。这种做法会严重损害评价的公正性和客观性,因此我们需要在评价过程中保持客观中立的态度。

(三)发展性与激励性的原则

教师绩效评价的发展性和激励性原则要求我们在评价过程中要关注教师的个人成长和发展,并通过评价激发教师的积极性和创造力。这是因为教师的绩效评价不仅是对其过去工作的总结和评价,更是对其未来工作的指导和激励。

在具体实践中,我们可以通过设置合理的评价指标和奖励机制来激发教师的积极性和创造力。例如,我们可以将教师的教学创新、科研成果、学生指导等方面的成果纳入评价指标体系,并对表现优秀的教师给予一定的奖励和荣誉。这样可以激励教师不断追求进步和创新,提高自己的专业素养和教学能力。

同时,我们需要关注教师的个人成长和发展需求。不同的教师处于不同的专业发展阶段,他们的成长需求和目标也不同。因此,我们需要根据教师的个人情况和需求,制定个性化的评价方案和发展计划,帮助教师实现自己的专业成长和发展目标。

（四）可持续性与长期性的原则

教师绩效评价的可持续性和长期性原则要求我们在评价过程中要关注教师的长期发展潜力和持续贡献能力。这是因为教师的专业发展是一个长期的过程，教师需要不断地学习和实践才能提高自己的专业素养和教学能力。

为了实现评价的可持续性和长期性，我们需要建立长效的评价机制和反馈机制。这包括定期对教师进行绩效评价、及时给予反馈和指导、提供必要的支持和帮助等。这样可以让教师及时了解自己的绩效水平和存在的问题，并采取相应的措施加以改进和提高。同时，我们可以根据评价结果对教师的职业发展进行规划和管理，为教师的长期发展提供有力的支持和保障。

此外，我们还需要关注教师团队的可持续发展问题。一个优秀的教师团队是学校发展的重要保障，因此我们需要通过绩效评价来激励和推动教师团队的共同发展。我们可以建立教师团队的绩效评价机制，鼓励教师之间的合作和交流，共同推动学校的学科建设和科研发展。这样可以实现教师团队的可持续发展，为学校的长期发展奠定坚实的基础。

二、绩效评价标准的制定

（一）明确评价目的与定位

在制定教师绩效评价标准时，我们首先需要明确评价的目的与定位。评价的目的决定了评价的方向和重点，而评价的定位决定了评价的范围和层次。

明确评价目的是为了让教师了解绩效评价的意义，并激励他们朝着设定的目标努力。评价目的可以包括提高教师教学水平、促进教师科研创新、提高学生培养质量等。这些目的需要根据学校的整体发展战略和教师的职业发展需求来设定，以确保评价的针对性和实效性。

评价定位则需要考虑评价的范围和层次。范围可以涵盖全校教师、某一学科或领域的教师、新入职教师或骨干教师等；层次则可以根据教师的职称、教学经验、科研成果等进行划分。明确评价定位可以确保评价标准的针对性和可操作性。

（二）构建科学的评价指标体系

构建科学的评价指标体系是制定绩效评价标准的核心环节。评价指标体系应该包括多个方面，以全面反映教师的绩效水平。

首先，我们需要关注教师的教学工作。教学工作是教师的基本职责，也是评价教师绩效的重要方面。评价指标可以包括教学计划、教学方法、教学态度、教学效果等。其中，教学效果可以通过学生的学业成绩、课堂参与度、创新能力等方面来评价。

其次，我们需要关注教师的科研能力。科研能力是衡量教师学术水平的重要指标，也是推动学校学科建设和科研发展的重要力量。评价指标可以包括科研成果的数量、质量、影响力等。其中，影响力可以通过论文被引用次数、科研成果获奖情况等方面来评价。

最后，我们需要关注教师的师德师风、学生指导、社会服务等方面。这些方面虽然不是评价教师绩效的主要方面，但也是评价教师综合素质的重要方面。构建全面的评价指标体系可以确保评价结果的准确性和公正性。

（三）制定合理的评价标准与方法

制定合理的评价标准与方法是确保绩效评价公正、有效的关键。评价标准应该具有可衡量性、可比性和可操作性，以便对教师绩效进行客观评价。

在制定评价标准时，我们需要考虑不同学科、不同领域的特点和差异。不同学科、不同领域的教师在教学、科研等方面的工作重点和要求不同，因此我们需要根据实际情况制定相应的评价标准。同时，评价标准需要考虑教师的职称、教学经验、科研成果等因素，以确保评价的公正性和合理性。

评价方法的选择也很重要。常用的评价方法包括定量评价和定性评价。定量评价可以通过统计数据、指标得分等方式来评价教师的绩效水平；定性评价则可以通过观察、访谈、案例分析等方式来深入了解教师的工作情况。在实际应用中，我们可以根据评价目的和具体情况选择合适的评价方法，或者将定量评价和定性评价相结合，以提高评价的准确性和全面性。

（四）建立反馈与改进机制

建立反馈与改进机制是确保绩效评价持续有效的重要保障。反馈机制可以让教师及时了解自己的绩效水平和存在的问题，以便采取相应的措施加以改进和提高。

在建立反馈机制时，需要确保反馈信息的及时性和准确性，可以通过定期向教师反馈评价结果、提供改进建议等方式来实现。同时，需要建立畅通的沟通渠道，鼓励教师提出自己的意见和建议，以便不断完善评价标准和方法。

改进机制则是对评价结果进行反思和总结的过程。总结评价过程中的经验和教训，可以发现评价标准和方法中存在的问题和不足，以便进行相应的改进和调整。同时，需要关注教师绩效的持续改进和发展，为教师提供必要的支持和帮助，促进他们的专业成长和发展。

三、确保评价过程的公正性

（一）明确评价标准和程序的透明度

确保评价过程的公正性首先要求评价标准和程序具有透明度。透明度是评价公正性的基石，它要求评价的标准、指标、权重、流程等都必须公开、明确，让每位教师都能清楚地了解评价的全过程。

评价标准的制定应该广泛征求教师的意见，确保标准的公正性和合理性。同时，评价标准应该清晰明了，避免模糊或歧义的表达，使教师能够准确理解。评价程序也应该公开透明，确保每个评价环节都有明确的操作流程和规定，减少人为因素的干扰。

为了提高透明度，学校可以建立绩效评价网站或平台，将评价标准和程序进行公示，供教师随时查阅。此外，学校还可以定期举办绩效评价培训会或座谈会，向教师解释评价标准和程序，确保每位教师都能充分理解并接受。

（二）建立多元化的评价主体

确保评价过程的公正性需要建立多元化的评价主体。评价主体不仅包括学校领导和专家教授，还应该包括同行教师、学生、家长等。多元化的评价主体可以从不同角度对教师进行评价，使评价结果更加全面、客观。

同行评价可以反映教师在学科领域内的专业水平和影响力；学生评价可以反映教师的教学效果和学生满意度；家长评价可以反映教师对学生成长的关注和贡献。这些评价主体的参与，不仅可以提高评价的公正性，还可以增强教师的责任感和使命感。

建立多元化的评价主体需要确保每个评价主体都能够客观、公正地参与评价。学校可以制定相应的评价指导原则或规范，明确各评价主体的职责和要求。同时，学校需要加强对评价主体的培训和指导，提高他们的评价能力和水平。

（三）强化评价过程的监督与管理

强化评价过程的监督与管理是评价公正性的重要保障。监督与管理可以确保评价过程按照规定的标准和程序进行，减少人为因素的干扰。

学校可以成立专门的绩效评价监督机构或委员会，负责对评价过程进行全程监督和管理。监督机构或委员会可以定期对评价过程进行检查和评估，发现问题并及时纠正。同时，可以建立评价过程的信息公开和反馈机制，让教师和公众能够及时了解评价过程的情况和结果。

此外，学校需要加强对评价人员的监督和管理。评价人员应该具备相应的专业素养和道德素质，能够客观、公正地参与评价。学校可以建立评价人员的资格认证和考核机制，确保评价人员的专业性和公正性。

（四）加强教师的权益保护与申诉机制

在评价过程中，学校需要充分保障教师的权益，建立有效的申诉机制。教师的权益保护是评价公正性的重要体现，它要求评价过程要尊重教师的主体地位，保障教师的合法权益。

学校应该建立完善的教师权益保护制度，明确教师的权益范围和保护措施。同时，学校需要建立有效的申诉机制，让教师在对评价结果有异议时能够提出申诉。申诉机制应该公开、公正、透明，确保教师的申诉能够得到及时、公正的处理。

在申诉处理过程中，学校应该组织专门的申诉处理机构或委员会，对申诉进行认真调查和核实。如果申诉属实，学校应该及时纠正评价结果，并对相关责任人进行追责。同时，学校需要加强对申诉处理过程的监督和管理，确保申诉处理的公正性和有效性。

总之，确保评价过程的公正性需要从多个方面入手，包括提高评价标准和程序的透明度、建立多元化的评价主体、强化评价过程的监督与管理以及加强教师的权益保护与申诉机制等。只有这样才能确保评价结果的公正性和有效性，促进教师的专业成长和发展。

四、处理绩效评价中的争议

（一）建立公正的争议处理机制

处理绩效评价中的争议的首要任务是建立一个公正、透明的争议处理机制。这一机制应确保所有参与评价的教师和学生都能清楚地了解争议处理的流程、标准和时间节点，从而消除不必要的疑虑和误解。

首先，需要明确争议处理的原则，即公正、公平、客观和及时。公正意味着争议的处理不受任何个人或团体偏见的影响；公平则要求对所有参与者一视同仁；客观要求以事实为依据，避免主观臆断；及时则强调在合理的时间内解决争议，避免影响评价工作的正常进行。

其次，制定详细的争议处理流程，应包括争议提出、受理、调查、审议、裁决和反馈等环节。每个环节都应有明确的操作规范和时间要求，确保争议处理的规范化、程序化。

最后，建立专门的争议处理机构或委员会。该机构或委员会应由具有专业知识和丰富经验的教师、管理人员和学生代表组成，负责受理、调查和处理争议。机构或委员会应保持中立和公正，确保争议处理的客观性和公正性。

（二）深入调查与充分沟通

在处理绩效评价中的争议时，深入调查与充分沟通是解决问题的关键。只有通过深入调查并了解争议产生的根源和事实真相，才能做出公正合理的裁决。同时，充分沟通可以消除误解和分歧，促进争议双方的理解和合作。

首先，要进行深入调查。调查应包括收集相关证据、听取争议双方的陈述和辩解、了解其他相关人员的意见和看法等。调查过程要遵循客观、公正、全面的原则，确保调查结果的真实性和准确性。

其次，要进行充分沟通。沟通应在争议双方之间进行，以了解彼此的观点和诉求。同时，要与其他相关人员进行沟通，以获取更多的信息和支持。在沟通过程中要保持耐心和尊重，避免情绪化和冲突。

最后，根据调查结果和沟通情况，确定解决方案。解决方案的确定应综合考虑争议双方的利益和需求，既要维护评价的公正性和权威性，也要照顾到教师的合理诉求。

（三）尊重事实与客观证据

在处理绩效评价中的争议时，必须尊重事实和客观证据。这是确保争议处理的公正性和合理性的基础。

首先，要确保所收集的证据真实可靠。证据应来自可靠的来源，并经过严格的核实和验证。对于存在疑问或争议的证据，应进行进一步的调查和核实。

其次，要尊重客观事实。在处理争议时，应以事实为依据，避免主观臆断和偏见的影响。对于无法直接证明的事实，应依据逻辑推理和常识进行判断。

最后，在争议处理过程中，要保持客观公正的态度。评价人员应摒弃个人情感和偏见，以事实为基础、以证据为依据进行裁决。同时，要尊重争议双方的权利和利益，确保处理结果的公正性和合理性。

（四）持续改进与反思

处理绩效评价中的争议不仅是解决当前问题的过程，也是持续改进和反思的机会。总结争议处理的经验和教训，可以发现评价标准和程序中存在的问题和不足，进而进行改进和优化。

首先，要对争议处理过程进行反思。反思应涵盖争议产生的原因、处理过程中出现的问题以及解决方案的有效性等方面。反思有助于发现评价标准和程序中的漏洞和缺陷，为后续的改进提供依据。

其次，要根据反思结果进行持续改进。改进可以包括完善评价标准和程序、优化评价方法和技术、加强评价人员的培训和管理等方面。持续改进可以提高评价工作的质量和效率，减少争议的发生。

最后，要形成持续改进的机制和氛围。学校应建立评价工作的持续改进机制，鼓励教师和评价人员积极参与改进工作。同时，要加强评价工作的宣传和推广，提高教师对评价工作的认同感和参与度。形成持续改进的机制和氛围，可以推动评价工作的不断发展和完善。

第五章 课程评价与评估策略

第一节 课程目标的设定与评价

一、课程目标制定的依据

（一）学生发展需求与特点

在制定课程目标时，首先要考虑的是学生的发展需求与特点。学生的年龄、兴趣、学习风格、先前知识基础以及未来的职业规划都是设定课程目标的重要参考。不同年龄段的学生具有不同的认知能力和情感需求，因此，课程目标应与学生的发展阶段相匹配。此外，了解学生的兴趣和动机可以激发学生的学习兴趣，提高学习效果。同时，考虑学生的先前知识基础，确保课程目标的连贯性和递进性，避免内容的重复或跳跃。最后，课程目标应结合学生的职业规划，为学生未来的职业发展提供必要的知识和技能支持。

在制定课程目标时，教师应进行充分的学生需求分析，包括了解学生的学习需求、兴趣、能力、性格等方面。通过与学生沟通、观察学生的表现、分析学生的学习成果等方式，教师可以更加准确地把握学生的需求，从而制定出更符合学生实际的课程目标。

（二）学科知识体系与结构

学科知识体系与结构是制定课程目标的另一个重要依据。学科知识体系是指学科内部知识之间的逻辑关系和层次结构，而知识结构是指不同学科知识之间的关联和融合。在制定课程目标时，教师应充分考虑学科知识体系与知识结构的特点，确保课程目标能够涵盖学科的核心知识和关键技能。

同时，教师应关注学科发展趋势和前沿动态，不断更新和完善课程目标。随着科技的不断进步和社会的不断发展，学科知识也在不断更新和演变。因此，教师应保持敏锐的学科意识，及时了解和掌握学科发展的最新动态，将新知识、新技能纳入课程目标，确保课程目标的前沿性和实用性。

（三）教育政策与标准

教育政策与标准是制定课程目标的重要指导方针。教育政策是国家或地区对教育事业的总体规划和要求，而教育标准是衡量教育质量和效果的重要标准。在制定课程目标时，教师应充分考虑教育政策与标准的要求，确保课程目标符合国家或地区的教育方针和政策导向。

同时，教师应关注国际教育标准和趋势，借鉴国际先进的教育理念和方法，不断提升课程目标的国际化水平。设定与国际接轨的课程目标，可以培养学生的全球视野和跨文化交流能力，为学生的未来发展打下坚实的基础。

（四）教育实践与经验

教育实践与经验是制定课程目标的重要参考。教育实践是指教师在实际教学中所积累的经验和教训，而教育经验是指教师在长期教育实践中所形成的教育理念和教学方法。在制定课程目标时，教师应充分考虑教育实践与经验的影响，确保课程目标具有可操作性和实效性。

教师可以通过反思自己的教学实践，总结成功的教学方法和策略，将其融入课程目标。同时，教师可以通过观摩其他教师的教学活动、参加教育培训等方式，不断学习和借鉴他人的成功经验和方法，提升自己的教学水平。通过积累和总结教育实践与经验，教师可以制定出更加符合学生实际和教学实际的课程目标。

二、课程目标的具体化

在教育教学过程中，课程目标的具体化是确保教学活动的有效性和针对性的关键步骤。具体化课程目标有助于教师明确教学方向，帮助学生理解学习期望，并为教学评估提供明确的标准。以下从四个方面对课程目标的具体化进行分析。

（一）清晰表述课程目标

课程目标的清晰表述是其具体化的基础。一个明确、具体的课程目标应当具备以下特点：

可观察性。课程目标应当是可观察、可测量的，以便教师能够判断学生是否取得了预期的学习成果。例如，使用具体的动词（如"识别""解释""应用"）和明确的名词（如"科学原理""数学概念"）来表述目标。

可理解性。课程目标应当用简洁明了的语言表述，使学生容易理解。避免使用过于复杂或模糊的术语，确保学生明确知道他们需要做什么和达到什么样的标准。

层次性。课程目标应当具有一定的层次性，从基础知识到高级技能逐步递进。这样有助于教师根据学生的实际水平进行差异化教学，满足不同学生的需求。

（二）将课程目标分解为学习任务

将课程目标分解为具体的学习任务是实现课程目标具体化的重要手段。学习任务应当与课程目标紧密相关，操作过程中应注意以下几点：

任务与目标的对应性。每个学习任务都应当与课程目标相对应，确保学生在完成学习任务的过程中能够达到预期的学习效果。

任务的挑战性。学习任务应当具有一定的挑战性，能够激发学生的学习兴趣和动力。同时，任务的难度应当适中，避免过于简单或过于复杂。

任务的多样性。为了培养学生的综合能力和素质，学习任务应当具有多样性，包括阅读、讨论、实验、项目等多种形式。

（三）制定评价标准和评估方法

评价标准和评估方法是实现课程目标具体化的重要保障。通过制定明确的评价标准和评估方法，教师可以了解学生的学习进度和成果，及时调整教学策略和方法。

评价标准应当明确、具体，能够客观反映学生的学习成果。评价标准可以包括知识掌握程度、技能运用水平、情感态度等方面。

评估方法应当具有多样性，包括课堂观察、作业分析、测试等多种方式。多种评估方法的结合使用可以全面反映学生的学习情况。

建立有效的反馈机制是实现课程目标具体化的重要环节。教师应及时向学生反馈他们的学习成果和存在的问题，帮助他们明确学习方向和改进方法。

在英语教学中，教师可以制定听力、口语、阅读、写作等方面的评价标准，并通过课堂测试、作业批改、口语交流等方式进行评估。同时，教师应定期向学生反馈他们的学习成果和存在的问题，帮助他们改进学习方法和提高学习效果。

（四）持续优化课程目标

课程目标的具体化是一个持续优化的过程。随着教学实践的深入和学生需求的变化，教师应不断调整和完善课程目标。课程目标的优化应注意以下几点：

关注教学实践的反馈。教师应关注教学实践中的反馈信息，包括学生的学习情况、教学效果等方面。通过分析反馈信息，教师可以发现课程目标中存在的问题和不足，并及时进行调整。

关注学生需求的变化。学生的需求是随着时代和社会的发展而不断变化的。教师应关注学生需求的变化趋势，了解他们对知识和能力的期望，并据此调整课程目标。

借鉴先进的教育理念。教师应不断学习和借鉴先进的教育理念和方法，将其融入课程目标。不断更新和完善课程目标可以确保教育教学的先进性和实效性。

总之，课程目标的具体化是确保教育教学的有效性和针对性的关键步骤。清晰表述课程目标、将课程目标分解为学习任务、制定评价标准和评估方法以及持续优化课程目标等步骤，可以实现课程目标的具体化并提高教学质量。

三、课程目标的达成度评价

在教育教学过程中，对课程目标的达成度进行评价是确保教学效果、促进学生发展的关键环节。以下从四个方面对课程目标的达成度评价进行详细分析。

（一）评价标准的制定

评价课程目标的达成度，首先需要制定明确、具体的评价标准。这些标准应当与课程目标紧密相关，能够客观、全面地反映学生的学习成果。评价标准应具备以下特点：

与课程目标的一致性。评价标准应当与课程目标保持一致，确保评价的内容与课程目标所要求的知识、技能、情感态度等方面相吻合。

具体性与可操作性。评价标准应当具体、明确，能够被教师和学生理解，并能够在实践中得到应用。同时，评价标准应当具有可操作性，便于教师进行教学评价和学生自评。

全面性与多元性。评价标准应当全面考虑学生的知识掌握、技能运用、情感态度等多个方面，并注重学生的个体差异和多元发展。

（二）评价方法的多样性

评价课程目标的达成度，需要采用多种评价方法，以全面、客观地反映学生的学习成果。评价方法主要有以下几种：

量化评价与质性评价相结合。量化评价可以通过测试、考试等方式，对学生的知识掌握程度进行客观评估；质性评价则可以通过观察、访谈、作品分析等方式，对学生的技能运用、情感态度等方面进行评价。

形成性评价与总结性评价相结合。形成性评价关注学生在学习过程中的表现和发展，有助于教师及时调整教学策略；总结性评价则关注学生在学习结束后的整体表现，有助于评估课程目标的达成度。

自我评价与同伴评价相结合。自我评价有助于学生反思自己的学习过程和成果，提高自我认知和自我管理能力；同伴评价则可以促进学生之间的交流和合作，增强学生的学习动力和兴趣。

(三)评价结果的反馈与利用

评价结果的反馈与利用是评价课程目标达成度的重要环节。通过及时、准确的反馈,教师可以了解学生的学习情况,及时调整教学策略和方法;学生也可以了解自己的学习成果和存在的问题,明确学习方向和改进方法。评价结果应当具有以下特点:

及时性与准确性。评价结果应当及时、准确地反馈给教师和学生。教师可以通过课堂讲解、作业批改、个别辅导等方式,向学生反馈评价结果;学生也可以通过自我反思、同伴交流等方式,了解自己的学习成果和存在的问题。

指导性与建设性。评价结果应当具有指导性和建设性,能够为学生提供具体的改进建议和发展方向。教师可以通过分析评价结果,发现学生存在的普遍问题和个别差异,并据此制定针对性的教学策略和方法。

激励性与鼓励性。评价结果应当具有激励性和鼓励性,能够激发学生的学习动力和兴趣。教师可以通过表扬、奖励等方式,肯定学生的努力和进步;学生也可以通过自我激励、同伴鼓励等方式,增强学习信心和动力。

(四)评价与教学的持续改进

评价与教学的持续改进是评价课程目标达成度的最终目的。不断评价、反思和改进教学过程与策略,可以提高教学质量和效果,促进学生的全面发展。

教师应当根据评价结果,反思自己的教学过程和策略,发现存在的问题和不足,并据此制定改进措施。

根据评价结果,教师可以优化教学资源,如改进教材、调整教学方法、提供更加丰富的学习资源等,以更好地满足学生的学习需求。

针对评价结果反映出的学生个体差异和学习需求,教师可以调整教学策略和方法,如实施差异化教学、提供个性化辅导等,以更好地促进学生的发展。

总之,评价课程目标的达成度是确保教学效果、促进学生发展的重要环节。制定明确、具体的评价标准采用多种评价方法,及时、准确地反馈评价结果并不断优化教学过程和策略，可以提高教学质量和效果，促进学生的全面发展。

四、课程目标的调整与改进

在教育教学中，课程目标的调整与改进是适应学生需求变化、提升教育教学质量的必要环节。以下从四个方面对课程目标的调整与改进进行详细分析。

（一）课程目标与学生发展需求的匹配程度

课程目标的调整与改进首先要关注其与学生发展需求的匹配程度。随着社会的发展和时代的变迁，学生的需求也在不断变化，因此课程目标需要不断地进行调整以适应这些变化。

教师和教育管理者需要密切关注学生的需求变化，了解他们对未来的期望和规划，以及在当前阶段的学习兴趣和动机。这些信息可以通过问卷调查、访谈、观察等多种方式获得。课程目标与学生能力匹配：在了解学生需求的基础上，课程目标需要与学生的实际能力相匹配。过高或过低的课程目标都不利于学生的发展。教师需要根据学生的实际情况，制订既具有挑战性又切实可行的课程目标。

每个学生都是独特的个体，具有不同的学习风格、兴趣和潜力。课程目标需要体现个性化和差异化的原则，以满足不同学生的需求。教师可以通过提供多样化的学习资源和教学方法，以及实施差异化的教学策略，来促进学生的个性化发展。

在科学课程中，教师可以根据学生的兴趣和能力，设置不同的实验项目和探究任务，让学生在实践中学习和探索，从而培养他们的科学素养和实践能力。

（二）课程目标与社会发展的适应性

课程目标不仅要关注学生发展需求，还要与社会发展相适应。随着社会的快速发展，人才的需求也在不断变化，因此课程目标需要不断地调整以适应这些变化。教师需做到以下几点：

关注社会发展趋势。教师需要关注社会发展趋势，了解未来社会对人才的需求和期望。这些信息可以通过阅读相关报告、参加行业研讨会等方式获得。

课程目标与社会需求对接。在了解社会发展趋势的基础上，课程目标需要与社会需求对接。教师需要将社会所需的知识、技能和素质融入课程目标，以培养学生的综合素质和适应能力。

更新教学内容和方法。随着社会的快速发展，教学内容和方法也需要不断更新。教师需要关注新的教育理念和技术手段，将其应用于教学中，以提高教学效果和质量。

（三）课程目标与教学评估的反馈循环

教学评估是调整与改进课程目标的重要依据。通过教学评估的反馈循环，教师可以了解课程目标的达成度、发现教学中存在的问题和不足，并据此进行调整和改进。教师需做到以下几点：

建立评估体系。教师需要建立科学、有效的评估体系，包括量化评估和质性评估两个方面，通过评估体系对学生的学习成果进行全面、客观的评价。

分析评估结果。教师需要对评估结果进行深入分析，发现学生存在的问题和不足以及教学中存在的问题和困难。同时，教师需要对课程目标的达成度进行评估，了解课程目标是否达到预期效果。

调整与改进。根据评估结果的分析，教师需要调整和改进课程目标、教学内容和方法等。这包括对课程目标进行修订、优化教学内容和方法、改进教学策略等。

例如，在英语课程中，教师可以通过测试、作业分析等方式评估学生的英语能力水平，并根据评估结果调整教学目标、教学内容和教学方法等。同时，教师可以通过学生反馈和课堂观察等方式发现教学中存在的问题和不足，并据此进行改进。

（四）课程目标的持续性与创新性

课程目标的调整与改进是一个持续的过程，需要不断地进行探索和创新。同时，课程目标需要保持一定的稳定性，以确保教育教学的连续性和有效性。

课程目标需要保持一定的持续性和稳定性，以确保教育教学的连续性和有效性。这要求教师在制定课程目标时需要考虑其长期性和稳定性，避免频繁地变动和修改。

课程目标需要不断地进行探索和创新，以适应社会的发展和学生需求的变化。教师需要关注新的教育理念和技术手段，将其应用于课程目标的制定和实现中，以提高教育教学的质量和效果。

在保持持续性和稳定性的同时，教师需要平衡与协调不同课程目标之间的关系。这包括平衡知识、技能和情感态度等方面的目标以及协调不同学科之间的课程目标等。

总之，课程目标的调整与改进是一个复杂而必要的过程。教师需要关注学生的发展需求、社会的发展趋势、教学评估的反馈循环以及课程目标的持续性与创新性等方面，以制定更加科学、合理的课程目标，并不断地进行调整和改进，以适应社会的发展和学生需求的变化。

第二节 课程内容的选择与评估

一、课程内容选择的原则

在教育教学过程中，课程内容的选择是至关重要的环节，它直接关系到学生的学习效果和教育目标的实现。以下从四个方面对课程内容选择的原则进行详细分析：

（一）适应性与发展性原则

课程内容的选择应当遵循适应性与发展性原则，确保内容既符合学生的现有发展水平，又能促进学生的进一步发展。

课程内容的选择应与学生的年龄、认知发展水平、学习经验等相适应。不同年龄段的学生具有不同的心理特点和学习能力，因此课程内容的选择应当考虑到这些因素，确保学生能够理解和接受所学内容。

课程内容不仅要满足学生当前的学习需求，还要具有一定的前瞻性，能够促进学生的进一步发展。在选择课程内容时，教师应关注社会发展和科技进步的趋势，选择那些对学生未来发展具有重要影响的内容。

在适应性与发展性原则的指导下，课程内容的选择还应保持平衡，既要考虑到学生的基础知识和技能的学习，又要注重培养学生的创新能力和实践能力。

在数学课程中，教师可以选择与学生日常生活紧密相关的数学问题作为教学内容，如购物、旅行等场景中的数学应用，以激发学生的学习兴趣和积极性。同时，教师可以引入一些具有挑战性的数学问题，如数学竞赛题目等，以培养学生的数学思维和解决问题的能力。

（二）系统性与连贯性原则

课程内容的选择应遵循系统性与连贯性原则，确保内容之间的逻辑关系和内在联系。

课程内容应构成一个完整的体系，各个部分之间应相互关联、相互支持。在选择课程内容时，教师应关注整个学科的知识体系，确保所选内容能够全面反映该学科的基本概念和原理。

课程内容的选择应具有连贯性，前后内容应相互衔接、层次递进。在选择课程内容时，教师应关注知识之间的逻辑关系，确保学生能够逐步深入地理解所学知识。

在保持系统性和连贯性的基础上，课程内容的选择还应注重整合性。教师应将不同学科之间的知识点进行整合和融合，形成跨学科的知识体系，以培养学生的综合素质和跨学科解决问题的能力。

例如，在地理课程中，教师可以将地理知识与历史、语文等学科进行融合，通过介绍不同地区的地理环境和文化背景，帮助学生更好地理解和认识该地区的历史和文化。

（三）实用性与趣味性原则

课程内容的选择应遵循实用性与趣味性原则，以激发学生的学习兴趣和学习动力。

课程内容应具有实际应用价值，能够帮助学生解决现实生活中的问题。在选择课程内容时，教师应关注社会发展和科技进步的需求，选择那些对学生未来发展具有重要影响的内容。

课程内容应具有趣味性，能够吸引学生的注意力并激发他们的学习兴趣。教师可以通过引入生动的案例、设计有趣的实验等方式来增加课程的趣味性。

在实用性和趣味性的基础上，课程内容还应具有启发性。教师可以选择一些具有挑战性和创新性的内容，以激发学生的思考和创新精神。

（四）科学性与时代性原则

课程内容的选择应遵循科学性与时代性原则，确保内容科学准确并符合时代要求。

课程内容应具有科学性和准确性，能够反映学科的基本规律和最新研究成果。在选择课程内容时，教师应关注学科研究的最新进展和成果，确保所选内容符合科学规范和要求。

课程内容应具有时代性，能够反映当代社会的发展和科技进步的趋势。在选择课程内容时，教师应关注当代社会的热点问题和新兴领域的发展动态，选择那些具有时代意义和前沿性的内容。

在保持科学性和时代性的基础上，课程内容的选择还应具有更新性。教师应根据学科发展和时代变化的需要不断更新和完善课程内容以确保其科学性和时代性。

二、课程内容与目标的匹配

在教育教学中，课程内容与目标的匹配是保证教学质量和效果的关键。精心设计的课程内容应该能够直接支持并促进课程目标的实现。以下从四个方面对课程内容与目标的匹配进行详细分析：

（一）内容与目标的对应性

课程内容与目标的匹配首先要体现对应性，即课程内容应直接对应并服务于课程目标。

明确课程目标：在课程规划阶段，必须清晰地定义和阐述课程目标。这些目标应具体、可衡量，并且与学科的核心知识和技能密切相关。

筛选与整合内容：在选择课程内容时，应基于课程目标进行筛选和整合。确保所选内容能够直接促进目标的实现，避免无关或冗余的内容。

内容与目标的对应分析：在内容设计完成后，应进行内容与目标的对应分析。检查每一项内容是否都与课程目标相关联，是否存在遗漏或错位的情况。

（二）内容的层次性与目标的阶梯性

课程内容应具有层次性，以支持目标的阶梯性实现。

目标阶梯化：课程目标应划分为不同的层次和阶段，从基础知识到高级技能，从简单应用到复杂创新，形成一个完整的阶梯体系。

内容层次化：课程内容也应按照目标的阶梯性进行层次化设计。从基础概念、原理出发，逐步深入到高级应用和创新实践。

层次与阶梯的对应：教师应确保每一层次的内容都对应着相应阶梯的目标，确保学生能够在学习过程中逐步达到并超越目标。

以数学课程为例，其课程目标可能包括掌握基本的运算技能、理解代数和几何的基本概念、解决复杂的数学问题等。在内容设计上，教师可以从基础的算术运算开始，逐步引入代数和几何的概念，最后通过综合应用题来检验学生的问题解决能力。

（三）内容的可操作性与目标的可实现性

课程内容应具有可操作性，以便学生能够在实际操作中实现课程目标。

目标的可实现性：课程目标应设定在学生的能力范围内，既具有挑战性又具有可实现性。过高的目标会让学生望而生畏，过低的目标则无法激发学生的学习动力。

内容的可操作性：课程内容应设计为学生可操作的活动和任务。这些活动应能够引导学生主动思考、积极实践，并在实践中实现目标。

操作与实现的关联：教师应确保学生的操作活动与目标实现之间具有明确的关联，并通过学生的操作活动来检验和评估目标是否达成。

在科学课程中，其课程目标可能包括培养学生的实验技能和科学探究能力。在内容设计上，教师可以安排一系列的实验活动，让学生在动手操作中观察现象、记录数据、分析结果，并撰写实验报告。通过这些操作活动，学生可以逐步掌握实验技能，并提升科学探究能力。

（四）内容的适切性与目标的针对性

课程内容应具有适切性，即能够针对学生的个体差异和特点进行个性化设计。

目标的针对性：课程目标应具有一定的针对性，能够针对学生的个体差异和学习需求进行设定。这要求教师对学生有深入的了解和分析。

内容的适切性：课程内容应基于学生的实际情况进行适切性设计。这包括根据学生的认知水平、学习风格、兴趣爱好等因素来选择和安排内容。

在内容设计过程中，教师应充分考虑学生的个体差异和特点，实施个性化教学策略，通过提供多样化的学习资源和教学方法来满足不同学生的需求。

在英语课程中，教师可以根据学生的英语水平和学习需求进行分层教学。对于英语基础较好的学生，教师可以提供更高层次的阅读材料和写作任务；对于英语基础较弱的学生，教师则可以提供更多的基础词汇和语法练习。通过这种方式，教师可以确保每位学生都能够在适合自己的学习环境中实现课程目标。

三、课程内容质量的评估

在教育领域中，对课程内容质量的评估是确保教学质量和学生学习效果的重要环节。通过全面、系统的评估课程内容，我们可以了解课程的优点和不足，进而对课程进行优化和改进。以下从四个方面对课程内容质量的评估进行详细分析：

（一）内容的专业性与准确性

课程内容的专业性与准确性是评估其质量的首要标准。

专业性评估：课程内容应体现该学科领域的专业性和前沿性。评估时，应关注课程是否涵盖了该领域的基础理论、核心知识和最新研究成果。同时，课程内容的专业术语、概念定义和理论表述应准确无误，避免误导学生。

准确性验证：在评估过程中，评估者应对课程内容的准确性进行验证。评估者可以通过查阅相关学术文献、参考权威教材和教学资源等方式，确保课程内容与学科发展的最新动态保持一致。此外，评估者还可以邀请该领域的专家学者对课程内容进行评审和验证，以提高内容的准确性和权威性。

案例分析：在实际评估过程中，评估者可以结合具体案例对课程内容的专业性和准确性进行分析。例如，在数学课程中，可以选取某个数学定理或公式，检查其推导过程是否严谨、结论是否准确；在历史课程中，可以选取某个历史事件或人物，检查其描述是否客观、评价是否公正。

（二）内容的适切性与实用性

课程内容的适切性与实用性是评估其质量的重要方面。

适切性评估：课程内容应与学生的年龄、认知水平、学习需求和兴趣特点相适切。评估时，评估者应关注课程是否能够满足学生的个性化需求，是否有助于学生的全面发展。同时，课程内容的难度和进度应适中，避免过难或过易导致学生失去学习兴趣或产生挫败感。

实用性分析：课程内容应具有实际应用价值，能够帮助学生解决现实生活中的问题。评估时，评估者应关注课程内容是否与实际生活紧密相关，是否能够引导学生将所学知识应用于实践中。此外，评估者还可以通过调查学生对课程内容的满意度和反馈意见，了解课程内容在实用性方面的表现。

案例研究：在实际评估过程中，评估者可以通过案例研究对课程内容的适切性和实用性进行深入分析。例如，在物理课程中，可以选取某个物理现象或实验案例，分析其在课程中的呈现方式和应用价值；在职业规划课程中，可以选取某个职业案例，分析其在课程中的介绍和实际应用情况。

（三）内容的结构性与逻辑性

课程内容的结构性与逻辑性是评估其质量的关键因素。

结构性评估：课程内容应具有清晰的结构和合理的组织安排。评估时，评估者应关注课程内容的章节划分、知识点分布和逻辑顺序是否合理，是否能够帮助学生形成系统的知识体系。同时，评估者应关注课程内容之间的衔接和过渡是否自然流畅，避免出现内容重复或遗漏的情况。

逻辑性检验。在评估过程中，评估者应对课程内容的逻辑性进行检验。评估者可以通过分析课程内容的推导过程、论证方法和结论是否严密、合理，以及知识点之间的内在联系是否清晰等方面来评估其逻辑性。此外，评估者还可以邀请学科专家对课程内容的逻辑性进行评审和检验，提高其逻辑性和严谨性。

范例分析：在实际评估过程中，评估者可以选取一些典型的课程内容范例进行分析。通过对比不同范例在结构性和逻辑性方面的表现，找出其优点和不足，进而提出改进意见和建议。

（四）内容的创新性与前瞻性

课程内容的创新性与前瞻性是评估其质量的重要方面。

创新性评估：课程内容应具有一定的创新性和特色。评估时，评估者应关注课程内容是否融入了新的教学理念、教学方法和技术手段，是否具有独特的教学风格和特色。同时，评估者应关注课程内容是否鼓励学生进行创新思维和探究性学习，是否能够培养学生的创新能力和实践能力。

前瞻性分析：课程内容应具有前瞻性，能够反映学科发展的未来趋势和方向。评估时，评估者应关注课程内容是否关注了学科发展的前沿动态和热点问题，是否为学生提供了未来学习和发展的方向和指引。此外，评估者还应关注课程内容是否具有开放性和拓展性，是否能够为学生提供进一步学习和研究的空间。

趋势研究：在实际评估过程中，评估者可以通过研究学科发展的最新趋势和动态来评估课程内容的创新性和前瞻性。例如，在信息技术课程中，可以关注人工智能、大数据等新兴技术的发展趋势，并将其融入课程内容；在环境科学课程中，可以关注全球气候变化、环境污染等热点问题，并引导学生进行深入探究和学习。

四、课程内容的更新与优化

在教育领域中,课程内容的更新与优化是保证教育与时俱进、满足学生发展需求的重要环节。随着社会的快速发展和科技的不断进步,教育内容需要不断地更新和优化,以适应时代的变化和满足学生的需求。以下从四个方面对课程内容的更新与优化进行详细分析:

(一)内容更新的必要性与时机

课程内容的更新是教育发展的必然要求,更新的时机则关系到课程内容能否及时反映最新的知识和技术。

必要性分析:课程内容的更新是必要的,因为随着科技的发展和社会的进步,新的知识和技术不断涌现,旧的知识和技术逐渐被更替。如果课程内容不能及时更新,学生学到的知识就会与社会需求脱节,影响学生的就业和未来发展。

时机选择:课程内容的更新时机应综合考虑多种因素。首先,教师应根据学科的发展情况来判断何时进行更新。当学科出现重大突破或新的技术成果时,教师应及时将相关内容纳入课程。其次,教师应考虑学生的需求和兴趣。如果学生对某个领域特别感兴趣或该领域对学生的未来发展有重要意义,教师也可以考虑对该领域的课程内容进行更新。最后,教师还应考虑教育资源的可得性和可行性,确保更新的内容能够得到有效的实施。

案例分析:以计算机科学课程为例,随着人工智能、大数据等技术的快速发展,这些新兴技术已成为计算机科学领域的重要发展方向。因此,计算机科学课程应及时更新相关内容,引入最新的技术成果和教学方法,以帮助学生掌握这些新兴技术。

(二)更新与优化的方法与策略

更新与优化课程内容需要采用科学的方法和策略,以确保更新后的内容既符合学科发展规律,又符合学生的需求。其可采用以下几种方法:

市场调研。教师可以通过市场调研了解行业发展趋势、企业用人需求以及学生就业情况等信息，为课程内容的更新提供有力支持。

专家咨询。教师可以邀请学科领域的专家学者对课程内容进行评审和咨询，提出更新和优化的建议。

学生反馈。教师可以收集学生的反馈意见和建议，了解学生对课程内容的满意度和期望，为课程内容的更新提供参考。

持续改进。教师可以建立课程内容的持续改进机制，定期对课程内容进行评估和调整，确保课程内容始终与学科发展和学生需求保持一致。

（三）更新与优化过程中的挑战与对策

在更新与优化课程内容的过程中，教师可能会遇到一些挑战和问题，需要采取相应的对策。

挑战分析：可能的挑战包括教学资源不足、教师能力有限、学生接受度不高等。这些挑战会影响课程内容的更新和优化效果。

对策制定：针对这些挑战，可以采取多种对策。例如，加大教学资源的投入力度，提高教师的教学能力和专业素养；加强教师与学生的沟通和交流，了解学生的需求和期望；采用多样化的教学方法和手段，提高学生的学习兴趣和积极性；等等。

（四）更新与优化后的效果评估

更新与优化后的课程内容需要进行效果评估，以了解更新后的内容是否达到了预期的效果。

评估方法：可以采用问卷调查、访谈、测试等多种方法来评估更新后的课程内容的效果。通过收集学生和教师的反馈意见和数据信息，了解他们对更新后的课程内容的满意度和认可度。

评估指标：评估指标应涵盖多个方面，包括课程内容的准确性、适切性、创新性、实用性等方面。同时应关注学生的学习效果、学习兴趣和创新能力等方面的提升情况。

结果分析：根据评估结果对更新后的课程内容进行分析和总结，找出优点和不足并提出改进意见和建议。通过不断地更新和优化课程内容来提高教育质量和满足学生的需求。

第三节　课程效果的评估与反馈

一、课程效果评估的方法

课程效果评估是教育过程中至关重要的一环,它不仅能够帮助教育者了解课程的教学质量和学习者的学习成果,还能为课程的进一步优化提供有力依据。以下从四个方面对课程效果评估的方法进行详细分析:

(一)定量评估方法

定量评估方法通过收集和分析可量化的数据来评估课程效果。这种方法具有客观性、可比较性和精确性等优点。定量评估方法主要包括以下几种:

测验与考试:通过设计一系列与课程目标紧密相关的测验和考试,收集学生在知识掌握、技能运用等方面的数据。这些数据能够直观地反映学生的学习成果,便于教育者进行横向和纵向的比较分析。

作业与项目评分:作业和项目评分是定量评估的重要组成部分。通过对学生提交的作业和项目进行评价和打分,可以了解学生在课程学习过程中的表现和努力程度。这种方法能够反映出学生的学习态度、创新能力和实践能力等方面的信息。

参与度统计:参与度统计是一种量化评估学生参与课程活动程度的方法。通过统计学生在课堂讨论、小组讨论、线上互动等活动中的参与次数和时长,可以评估学生对课程的投入程度和兴趣度。

(二)定性评估方法

定性评估方法侧重于收集和分析非量化的信息来评估课程效果。这种方法能够提供更深入、更全面的课程效果反馈。定性评估方法主要包括以下几种:

问卷调查:问卷调查是一种常用的定性评估方法。通过设计一系列问题,了解学生对课程内容、教学方法、教师表现等方面的看法和意见。这种方法能够获取大量学生的反馈，有助于教育者发现课程中存在的问题，并明确改进方向。

访谈与观察：访谈和观察是定性评估中常用的实地调查方法。通过与个别学生或小组进行深入的交流，观察学生在课程学习过程中的行为和表现，教育者可以了解他们的学习体验、困惑和建议。这种方法能够获取更真实、更具体的课程效果反馈。

作品集评价：作品集评价是一种针对创造性课程（如艺术、设计、写作等）的定性评估方法。通过评价学生的作品集，了解学生在创造性思维和创新能力方面的表现。这种方法能够直观地展现学生的学习成果和进步情况。

（三）过程性评估方法

过程性评估方法关注学生在学习过程中的表现和发展，旨在及时了解学生的学习情况和需求，为教学提供及时反馈。过程性评估方法主要包括以下几种：

课堂观察：教育者通过观察学生在课堂上的表现，了解他们的学习状态、思维方式和问题解决能力等方面的信息。这种方法能够及时发现学生的学习困难和问题，为教学提供有针对性的指导。

学习日志与反思：教育者要求学生记录学习日志或进行反思，可以了解他们的学习过程、学习体验和感受。这种方法能够帮助学生进行自我评估和自我提升，同时有助于教育者了解学生的学习需求和困难。

同伴评价：同伴评价是一种鼓励学生之间相互评价的方法。通过同伴评价，学生可以了解自己在团队合作、沟通能力等方面的表现，也能从他人的评价中获得有益的建议和反馈。

（四）综合性评估方法

综合性评估方法将定量评估和定性评估、过程性评估等多种方法相结合，以更全面、更准确地评估课程效果。综合性评估方法主要包括以下几种：

多维评价：教育者从多个维度对课程效果进行评价，包括知识掌握、技能运用、学习态度、创新能力等方面。这种方法能够全面地反映学生的学习成果和发展情况。

持续监控：教育者对课程实施过程进行持续监控和评估，以便及时发现问题并采取措施进行改进。这种方法能够确保课程质量的持续提升。

反馈循环：建立有效的反馈循环机制，将评估结果及时反馈给教育者、学生和相关部门。通过反馈循环，教育者可以了解课程存在的问题和不足，并进行针对性的改进；学生可以了解自己的学习情况和进步情况，进行自我提升；相关部门可以了解课程的整体效果和影响，为课程的进一步推广和优化提供支持。

二、学生学习成果的评估

学生学习成果的评估是教育过程中不可或缺的一环，它直接关系到教学质量的提升和学生学习动力的激发。以下从四个方面对学生学习成果的评估进行详细分析：

（一）知识掌握程度的评估

知识掌握程度是衡量学生学习成果的基本标准，也是评估教育质量的重要指标。对知识掌握程度的评估可通过以下几种方式进行：

考试与测验：通过定期的考试和测验，可以客观地评估学生对课程知识的掌握程度。这些考试和测验应该根据课程目标和教学内容进行设计，覆盖广泛的知识点，并且具有适当的难度梯度。考试结果可以作为学生学习成果的直接依据，帮助教师了解学生的学习状况，并据此调整教学策略。

作业与练习：作业和练习是巩固和检验学生知识掌握程度的重要手段。教师可以通过布置多样化的作业和练习，让学生在实际操作中运用所学知识，从而检验学生对知识的理解和掌握情况。同时，作业和练习的完成情况可以作为教师评估学生学习成果的重要参考。

课堂表现：学生在课堂上的表现也是评估其知识掌握程度的重要方面。教师可以通过观察学生在课堂上的提问、回答、讨论等表现，了解学生对课程内容的理解和运用情况。同时，教师可以结合学生的课堂参与度、积极性等方面进行评估，从而更全面地了解学生的学习成果。

（二）技能运用能力的评估

技能运用能力是学生将所学知识转化为实际行动的关键能力，也是评估学生学习成果的重要方面。对技能运用能力的评估可以通过以下几种方式进行：

实践操作：实践操作是评估学生技能运用能力的重要手段。教师可以通过设计实践操作任务，让学生在实践中运用所学知识，从而检验学生的技能掌握情况。例如，在科学实验课程中，教师可以要求学生进行实验操作，并观察其实验过程和结果，从而评估其对科学技能的掌握情况。

项目任务：项目任务也是评估学生技能运用能力的重要方法。教师可以布置具有挑战性的项目任务，要求学生综合运用所学知识完成任务。通过评估学生的项目完成情况，教师可以了解其在实际问题解决中的技能运用能力。

案例分析：案例分析是一种通过具体案例来评估学生技能运用能力的方法。教师可以提供真实的案例情境，要求学生进行分析和讨论，从而检验其在实际问题中的技能运用能力。这种方法能够更真实地反映学生的技能掌握情况和运用情况。

（三）情感态度与价值观的评估

除了知识和技能的评估外，情感态度与价值观的评估也是评估学生学习成果的重要方面，其可以通过以下几种方式来进行：

自我反思：通过要求学生进行自我反思，可以了解其对学习的态度和价值观。学生可以在反思中思考自己的学习动力、学习兴趣、学习方法等方面的问题，并逐渐形成正确的学习态度和价值观。

学习日志：学习日志是记录学生学习过程和感受的重要工具。通过查看学生的学习日志，教师可以了解学生的学习体验、学习困惑、学习进步等方面的情况，从而评估其情感态度与价值观的发展情况。

同伴评价：同伴评价可以帮助学生了解自己在团队沟通、合作等方面的表现，从而反思自己的情感态度与价值观。同时，同伴之间的互评能够促进学生之间的相互学习和成长。

（四）综合应用能力的评估

综合应用能力是学生将所学知识和技能综合运用到实际问题中的能力，也是评估学生学习成果的重要方面。对综合应用能力的评估可以通过以下几种方式进行：

综合性作业：综合性作业要求学生综合运用所学知识和技能解决问题。通过评估学生的作业完成情况，教师可以了解其综合应用能力的发展情况。同时，综合性作业能够促进学生的创新思维和实践能力的发展。

项目式学习：项目式学习是一种强调学生主动探索和实践的学习方式。在项目式学习中，学生需要综合运用所学知识和技能进行项目设计和实施。通过评估学生的项目完成情况，教师可以了解其综合应用能力的实际水平。同时，项目式学习能够培养学生的团队协作和创新能力。

社会实践：社会实践是检验学生综合应用能力的重要途径。通过组织学生参加社会实践活动，教师可以让学生在实践中运用所学知识和技能解决实际问题。通过评估学生在社会实践中的表现，教师可以了解其综合应用能力的实际运用情况。同时，社会实践能够帮助学生更好地了解社会和职业需求，为其未来的职业发展打下基础。

三、课程效果反馈的流程

课程效果反馈是教育过程中一个至关重要的环节，它不仅能够为教育者提供关于课程实施效果的直接信息，还能促进教学质量的持续改进。以下从四个方面对课程效果反馈的流程进行详细分析：

（一）明确反馈目标与标准

在开始课程效果反馈之前，教育者首先需要明确反馈的目标和标准。这包括确定反馈的具体内容、范围和期望达到的效果。

反馈内容应具体、明确，涵盖课程目标、教学内容、教学方法、学生表现等方面。避免模糊或笼统的反馈，确保教育者能够清晰地了解课程实施的效果。

制定统一的反馈标准，确保不同教育者或评估者之间的反馈具有一致性。这有助于消除主观性带来的误差，使反馈结果更加客观、公正。

反馈目标应与课程目标紧密相连，反映教育者期望达到的教学效果。通过明确反馈目标，教育者可以更有针对性地收集和分析反馈信息，为课程改进提供依据。

（二）收集反馈信息

收集反馈信息是课程效果反馈流程中的关键环节，其需要运用多种方法和手段获取全面、真实的反馈数据。

教育者可以通过问卷调查、访谈、观察、作业分析等多种渠道收集反馈信息。从不同的渠道获取的信息可以相互补充，使反馈结果更加全面。

反馈信息的来源需具有广泛性和代表性。这包括教育者、学生、家长、同行等不同利益相关者，他们的反馈可以为课程的改进提供多角度的参考。

反馈信息需具有真实性和有效性。教育者可以通过匿名调查、保护隐私等方式提高参与者的积极性，减少虚假信息的产生。同时，对收集到的信息进行筛选和验证，确保反馈结果的真实可靠。

（三）分析反馈信息

收集到反馈信息后，教育者需要对其进行深入的分析和解读，通过数据管理、问题识别与原因探究，发现课程实施中存在的问题和改进方向。

数据整理：教育者需要对收集到的反馈信息进行整理和分类，按照不同的维度和指标进行统计和分析。这有助于发现规律和问题，为后续的改进提供依据。

问题识别：教育者需要通过分析反馈信息，识别课程实施中存在的问题和不足。这些问题可能涉及教学内容、教学方法、学生表现等方面，需要教育者进行深入的思考和研究。

原因探究：教育者需要针对识别出的问题，探究其产生的原因。这有助于教育者了解问题的根源所在，为制定有效的改进措施提供依据。同时，原因探究有助于教育者反思自己的教学行为，提高教学水平。

(四）应用反馈结果

最后，教育者需要将反馈结果应用到课程改进中，促进教学质量的持续提升。

根据反馈结果，教育者需要制定具体的改进措施。这些措施应针对课程实施中存在的问题和不足，且应具有可操作性。同时，改进措施应考虑到教育者的实际情况和资源限制，确保其实施的可行性。

教育者需要将制定的改进措施付诸实践，对课程进行改进和优化。这包括调整教学内容、改进教学方法、加强学生管理等方面。教育者可以通过实施改进措施，提高课程实施的效果和质量。

教育者需要对改进措施的实施效果进行跟踪评估，了解改进措施是否能达到预期的效果。如果效果不佳，教育者可以需要进一步调整和改进措施；如果效果良好，则可以将成功的经验推广到其他课程中。教育者可以通过跟踪评估效果，实现课程质量的持续提升和循环改进。

四、课程效果反馈的应用

课程效果反馈的应用是教育过程中至关重要的一环，它直接关联到教学质量的提升、学生学习体验的提高以及教育资源的优化配置。以下从四个方面对课程效果反馈的应用进行详细分析：

（一）促进教学质量的提升

课程效果反馈首先是帮助教师识别教学中的问题，从而使其有针对性地改进，并促进教学质量的提升。

通过对反馈信息的分析，教师可以发现教学中的薄弱环节，如教学内容的选择、教学方法的适用性、课堂管理的有效性等。这些反馈为教师提供了宝贵的诊断依据，有助于他们更加精准地找到问题所在。

基于反馈结果，教师可以调整教学策略，以满足学生的学习需求。例如，针对反馈中提到的学生理解困难的问题，教师可以调整教学进度、增加实例讲解或采用更加直观的教学方法，以提高教学效果。

课程效果反馈不仅为教师提供了改进的方向，还能促使他们进行教学反思。这种反思有助于教师总结经验教训，形成自己的教学风格，促进个人专业的成长。

（二）优化学生的学习体验

课程效果反馈的应用还体现在优化学生的学习体验上，学校可以通过改善学习环境、提升学生的学习动力，提高学生的学习满意度。

改善学习环境：反馈中可能包含学生对学习环境、设施和资源等方面的意见和建议。学校可以根据这些反馈，改善教室环境、更新教学设备、丰富学习资源，为学生提供更加舒适、便捷的学习环境。

提升学习动力：正面的反馈可以增强学生的自信心和学习动力，而负面的反馈可以帮助学生认识到自己的不足，激发他们改进的动力。教师可以通过及时、具体的反馈，引导学生正确认识自己的学习状态，提高学习积极性。

支持个性化学习：课程效果反馈还可以帮助教师更好地了解学生的个体差异，为他们提供个性化的学习支持。例如，针对反馈中提到的某些学生的学习困难，教师可以为他们制定专门的辅导计划，提供额外的帮助和指导。

（三）推动教育资源的优化配置

课程效果反馈的应用还有助于推动教育资源的优化配置，实现教育资源的最大化利用。

通过反馈结果，学校可以识别出哪些教学资源是学生真正需要的，哪些资源是冗余或低效的。这有助于学校根据实际需求调整资源配置，提高资源的利用效率。

基于反馈结果，学校可以对教学资源进行重新配置和整合，使其更加符合学生的学习需求。例如，加强实践教学环节、增加优质课程资源的投入、优化教学设施等。

课程效果反馈还可以促进学校之间的资源共享与合作。通过分享成功的教学经验和优质的教学资源，学校之间可以相互学习、共同进步，提高整体教育水平。

（四）促进教育决策的科学化

课程效果反馈的应用还有助于促进教育决策的科学化，为教育政策的制定提供有力支持。

数据支撑：课程效果反馈为教育决策提供了丰富的数据支撑。通过分析这些数据，学校可以了解教育教学的实际情况、发现存在的问题、评估政策效果等，为教育决策提供科学依据。

政策调整与优化：基于反馈结果，可以对教育政策进行调整和优化。例如，针对反馈中提到的学生负担过重的问题，可以调整课程设置、减轻学生负担；针对反馈中提到的教育资源不足的问题，可以加大投入、优化资源配置等。

政策宣传与推广：课程效果反馈还可以帮助宣传和推广教育政策。通过分享成功的政策案例和可供参考的经验教训，可以引导更多的学校和教育机构采纳和实施这些政策，推动教育事业的持续发展。

第六章　评价与评估中的沟通与合作

第一节　教师与学生之间的评价沟通

一、重要性

教师与学生之间的评价沟通是教育过程中不可或缺的一环，它对于提高学生的学习动力、提高教学效果以及建立和谐的师生关系都具有重要意义。以下从三个方面分析评价沟通的重要性：

（一）提高学生的学习动力

1. 激发学习兴趣

有效的评价沟通能够让学生感受到教师对自己的关注和期望，从而激发他们的学习兴趣和积极性。当教师对学生的学习表现给予积极、具体的评价时，学生会产生成就感，进而更加主动地投入学习。

2. 明确学习目标

通过评价沟通，教师可以帮助学生明确学习目标，使学生了解自己在哪些方面需要努力。这种目标导向的沟通方式能够让学生更加清晰地认识到自己的学习方向，从而更加有针对性地开展学习活动。

3. 激发学习潜能

每个学生都有自己的学习潜能和特长，通过评价沟通，教师可以发现并挖掘学生的潜能，鼓励他们发挥自己的优势。这种个性化的评价沟通能够让学生更加自信地面对学习挑战，进而激发他们的学习潜能。

（二）提高教学效果

1. 及时反馈教学效果

评价沟通是教师获取教学效果反馈的重要途径。通过与学生进行沟通，教师可以及时了解学生对教学内容的理解程度、对教学方法的接受程度以及学习过程中的困难和问题。这些信息对于教师调整教学策略、改进教学方法具有重要意义。

2. 优化教学方案

根据学生的反馈和评价结果，教师可以优化教学方案，使之更加符合学生的实际需求和学习特点。这种基于学生反馈的教学方案能够更有效地促进学生的学习和发展。

3. 营造积极的学习氛围

评价沟通能够营造积极的学习氛围，让学生感受到学习的乐趣和价值。当教师给予学生正面、积极的评价时，学生会更加愿意学习，与教师和同学共同探索知识的奥秘。

（三）建立和谐的师生关系

1. 增进师生了解

评价沟通是增进师生了解的重要途径。通过与学生进行沟通，教师可以了解学生的兴趣爱好、性格特点以及学习需求等信息，从而更加全面地了解学生的内心世界。同时，学生可以通过评价沟通了解教师的教育理念、教学方法以及教学期望等信息，从而更加深入地理解教师的用心和付出。

2. 增进师生信任

有效的评价沟通能够增进师生之间的信任。当教师给予学生真诚、客观的评价时，学生会感受到教师的关爱和尊重，从而更加信任教师。这种信任关系能够让学生更加愿意向教师敞开心扉，分享自己的学习和生活经历。

3. 促进师生合作

评价沟通能够促进师生之间的合作。当教师和学生都明确了学生的学习目标和学习需求时，他们就可以共同制定学习计划和学习策略，共同为实现学生的学习目标而努力。这种合作关系能够让学生在教师的指导下更加高效地学习和发展。

二、目标与原则

（一）目标

1. 促进学生全面发展

评价沟通的首要目标是促进学生的全面发展。通过与学生进行深入的交流，教师可以更全面地了解学生的需求、兴趣、优势与不足，从而为学生提供更加个性化的指导和支持。这种个性化的关注能够帮助学生挖掘自己的潜能，并激发他们的学习动力，使他们在知识、能力、情感态度等方面得到提升。

2. 构建学生积极的学习态度

评价沟通有助于构建学生积极的学习态度。通过给予学生正面的评价和鼓励，教师可以帮助学生树立自信心，增强他们的学习成就感。同时，教师可以通过评价沟通引导学生正确面对学习中的困难和挑战，培养他们坚韧不拔的学习意志。这种积极的学习态度将对学生的学习和生活产生深远的影响。

3. 建立和谐的师生关系

评价沟通还有助于建立和谐的师生关系。在评价沟通的过程中，教师和学生可以相互了解、相互尊重、相互信任，从而建立一种亲密无间的师生关系。这种关系不仅能够提高学生的学习效果，还能够使学生在学校生活中感受到更多的关爱和温暖。

4. 优化教学策略与方法

评价沟通能够为教师提供宝贵的反馈信息，帮助教师了解学生的学习状况和需求，从而优化教学策略和方法。通过与学生沟通，教师可以发现教学中的问题和不足，及时调整教学方案，提高教学效果。同时，教师可以根据学生的反馈和评价结果，不断探索新的教学方法和手段，使教学更加符合学生的需求和期望。

（二）原则

1. 尊重与平等

评价沟通应该建立在尊重与平等的基础上。教师应该尊重学生的个性、差异和选择权，避免对学生进行带有主观偏见或歧视的评价。同时，教师应该鼓励学生表达自己的观点和感受，尊重他们的意见和建议。在评价沟通的过程中，教师和学生应该处于平等的地位，相互倾听、相互理解、相互支持。

2. 客观与公正

评价沟通应该保持客观和公正的态度。教师在评价学生时应该依据事实和数据，避免主观臆断或情感用事。同时，教师应该注意评价的全面性和准确性，避免片面的评价结果对学生造成不良影响。在评价沟通的过程中，教师应该保持公正的态度，不偏袒、不歧视任何一个学生。

3. 及时与有效

评价沟通应该具有及时性和有效性。教师应该及时给予学生评价反馈，让学生及时了解自己的学习状况和需求。同时，教师应该注意评价反馈的有效性，确保学生能够真正理解和接受评价结果，并将其转化为学习动力。在评价沟通的过程中，教师应该注意选择合适的沟通方式和时间，确保评价反馈能够及时、准确地传达给学生。

4. 鼓励与引导

评价沟通应该注重鼓励和引导。教师应该通过评价沟通激发学生的学习兴趣和动力，引导他们正确地面对学习中的困难和挑战。同时，教师应该根据学生的需求和兴趣，为他们提供个性化的指导和支持。在评价沟通的过程中，教师应该注重学生的情感体验和成长需求，鼓励他们勇敢地追求自己的梦想和目标。

三、有效的评价沟通策略

（一）明确评价目标与内容

有效的评价沟通首先要明确评价的目标和内容。教师应该清晰地定义评价的目的是了解学生的学习进展、诊断学生的学习问题，还是激励学生继续努力。同时，评价内容需要具体明确，包括学生的知识技能掌握情况、学习态度、学习习惯以及创新思维等方面。只有明确了评价目标和内容，教师才能有针对性地进行评价沟通，确保沟通的准确性和有效性。

在实际操作中，教师可以通过制定明确的评价标准和指标来指导评价工作。这些标准和指标应该与教学目标和课程要求紧密相关，应该能够全面地反映学生的学习状况。同时，教师需要根据学生的实际情况，灵活调整评价标准和指标，确保评价的公正性和合理性。

（二）采用多样化的沟通方式

有效的评价沟通需要采用多样化的沟通方式。不同的学生有不同的沟通需求和偏好，教师应该根据学生的实际情况，选择合适的沟通方式。例如，有些学生可能更喜欢面对面的交流方式，而另一些学生可能更倾向于书面沟通。此外，教师还可以利用现代信息技术工具，如电子邮件、社交媒体等与学生进行远程沟通，以便更及时、便捷地了解学生的学习状况和需求。

在采用多样化的沟通方式时，教师需要注意以下几点：一是要尊重学生的意愿和选择，避免强制要求学生使用某种特定的沟通方式。二是要确保沟通渠道的畅通无阻，避免出现信息延迟或丢失的情况。三是要关注沟通效果，根据学生的反馈及时调整沟通方式，确保沟通的有效性。

（三）注重情感交流与互动

评价沟通不仅是信息传递和反馈的过程，更是情感交流和互动的过程。教师在进行评价沟通时应该注重与学生的情感交流，关注学生的情感体验和需求。教师可以通过表达对学生的关心和支持来增强学生的自信心和归属感，激发学生的学习动力。同时，教师需要积极倾听学生的意见和建议，了解他们的学习需求和困惑，以便更好地为他们提供指导和支持。

在情感交流与互动中，教师需要注意以下几点：一是要真诚地表达对学生的关心和支持，避免虚假或敷衍的态度。二是要耐心地倾听学生的意见和建议，尊重他们的想法和感受。三是要在沟通中保持积极、乐观的态度，避免向学生传递负面情绪。

（四）及时反馈与跟进

有效的评价沟通需要及时反馈和跟进。教师在进行评价沟通后应该及时给予学生反馈意见，让学生及时了解自己的学习状况和需求。同时，教师需要根据学生的反馈意见进行跟进指导，帮助学生解决学习中的问题和困惑。这种及时的反馈和跟进能够让学生感受到教师的关注和支持，增强他们的学习动力和信心。

在反馈与跟进中，教师需要注意以下几点：

一是要确保反馈意见的及时性和准确性，避免信息延迟或错误。二是要针对学生的具体问题提供具体的指导和建议，避免泛泛而谈或空洞无物的反馈。三是要关注学生的改进情况和学习进展，及时给予肯定和鼓励，增强学生的自信心和成就感。

四、评价沟通中的障碍与解决方法

（一）文化差异与理解偏差

1. 障碍描述

在评价沟通中，由于师生双方可能来自不同的文化背景，他们对于评价的理解可能存在差异。这种文化差异可能会导致评价信息的传递和接收出现偏差，从而影响评价沟通的效果。

2. 解决方法

增强文化敏感性：教师应增强对不同文化的理解和尊重，避免在评价中带有文化偏见。同时，学生应积极适应学校文化，努力理解并接受教师的评价方式。

明确评价标准：设立清晰、明确的评价标准，确保师生双方对评价内容有共同的理解。这有助于减少文化差异导致的理解偏差。

跨文化培训：学校可以组织跨文化培训，帮助师生了解不同文化背景下的评价方式和习惯，提高双方的文化敏感性。

（二）情感障碍与信任缺失

1. 障碍描述

情感障碍和信任缺失是评价沟通中的常见问题。学生感到紧张、焦虑或不满时，可能无法真实地表达自己的想法和感受，从而影响评价沟通的效果。同时，如果师生之间缺乏信任，学生可能不愿意接受教师的评价和建议。

2. 解决方法

营造积极的评价氛围：教师应努力营造积极的评价氛围，让学生感受到安全和舒适。这可以通过鼓励性的语言、温和的态度以及适当的幽默感来实现。

建立信任关系：师生之间应建立信任关系，确保学生能够真实地表达自己的想法和感受。教师可以通过关注学生的需求、尊重学生的意见以及提供个性化的支持来建立师生间的信任关系。

处理情感问题：当学生在评价沟通中表现出情感问题时，教师应耐心倾听并给予理解。同时，教师可以提供一些情感支持或建议，帮助学生缓解情绪并重新投入评价沟通。

（三）信息不对等与沟通不畅

1. 障碍描述

在评价沟通中，师生双方掌握的信息不对等可能会导致沟通不畅。例如，教师可能对学生的家庭背景、学习经历等了解不足，而学生也可能对教师的评价标准、教学方法等了解不够。这种信息的不对等可能会导致双方在评价沟通中产生误解或冲突。

2. 解决方法

加强信息共享：学校应建立信息共享机制，确保师生双方能够及时了解相关信息。例如，教师可以通过家长会、学生档案等方式了解学生的家庭背景和学习经历；学生也可以通过课程大纲、教学计划等方式了解教师的评价标准和教学方法。

促进双向沟通：教师应鼓励学生积极参与评价沟通，表达自己的观点和感受。同时，教师应积极倾听学生的意见和建议，了解他们的需求和困惑。这种双向沟通有助于消除信息不对等带来的障碍。

提供沟通指导：学校可以为学生提供沟通指导课程或培训，帮助他们掌握有效的沟通技巧和方法。这有助于学生在评价沟通中更加自信地表达自己的观点和需求。

（四）评价焦虑与压力

1. 障碍描述

评价焦虑和压力是学生在评价沟通中常见的问题。当面临评价时，学生可能感到紧张、焦虑或不安，从而影响他们的表现和沟通效果。

2. 解决方法

减轻评价压力：教师应避免过度强调评价的重要性，减轻学生的评价压力。同时，学校可以采用多种评价方式，如自我评价、同伴评价等，以减少学生对单一评价的依赖。

提供心理支持：学校可以为学生提供心理咨询服务，帮助他们缓解评价焦虑和压力。同时，教师可以在评价沟通中给予学生心理支持，鼓励他们勇敢地面对评价挑战。

培养应对能力：教师可以通过模拟评价、角色扮演等方式帮助学生熟悉评价流程和环境，提高他们的应对能力。这有助于学生在实际评价中更加从容地表达自己的观点和需求。

第二节 教师与教师之间的评估合作

一、意义与价值

（一）提升教育质量，提高教学效果

教师之间的评估合作对于提升教育质量与提高教学效果具有至关重要的作用。在教育领域，每个教师都有自己独特的教学风格和专长，通过评估合作，

教师们可以相互学习、借鉴，共同探索更有效的教学方法和策略。这种合作不仅有助于教师个人教学水平的提升，还能提高整个教育团队的教学能力，从而为学生提供更优质的教育资源和服务。

具体而言，评估合作可以促使教师们共同研究教材、分析学生需求、设计教学方案，并在实际教学中相互观摩、评课、反思。这种合作过程有助于教师发现教学中的问题和不足，并及时进行调整和改进。同时，教师们可以共享成功的教学经验和案例，相互启发、共同进步。这种良性循环将不断推动教育质量与教学效果的提升。

（二）促进教师专业发展与成长

教师之间的评估合作也是促进教师专业发展与成长的重要途径。在评估合作中，教师们需要不断学习新知识、掌握新技能、了解新动态，以适应不断变化的教育环境和需求。这种持续的学习过程有助于教师不断更新教育观念、拓宽教学视野、提高教学能力。

同时，评估合作为教师们提供了一个交流和分享的平台。在这个平台上，教师们可以相互学习、相互借鉴、相互支持。这种交流过程有助于教师发现自身的不足和优势，明确专业发展的方向和目标。通过与其他教师的合作和交流，教师们可以不断激发自己的教学热情和创新精神，推动自己的专业成长和发展。

（三）培养教师的团队合作精神，增强凝聚力

教师之间的评估合作还有助于培养教师的团队合作精神，增强凝聚力。在评估合作中，教师们需要相互协作、相互支持、共同完成任务。这种合作过程有助于培养教师们的团队合作精神和集体荣誉感。同时，教师们还可以通过评估合作了解彼此的教学风格和专长，更好地发挥各自的优势和特长，形成互补效应。

培养教师的团队合作精神，增强凝聚力，对于提高教育质量具有重要意义。一个团结、协作、富有凝聚力的教师团队能够更好地应对各种教育挑战和问题，为学生提供更优质的教育服务。同时，这种团队合作精神和凝聚力能够激发教师们的创造力和创新精神，推动整个教育事业的发展和进步。

（四）推动学校的教育改革与发展

教师之间的评估合作还有助于推动学校的教育改革与发展。在评估合作中，教师们可以共同研究教育问题、探讨教育改革方案、分享教育创新经验。这种合作过程有助于教师们深入了解教育改革的趋势和方向，为学校的教育改革提供有力支持。

同时，教师之间的评估合作能够推动学校的教育创新和发展。通过评估合作，教师们可以共同探索新的教学模式、开发新的教学资源、创新教学方法和手段。这些创新成果将有助于丰富学校的教育内涵和特色，提高学校的知名度和影响力。此外，教师之间的评估合作还能够促进学校与社会的联系和交流，为学校的发展创造更多的机遇和空间。

二、模式与方法

（一）基于团队的评估合作模式

1. 模式描述

基于团队的评估合作模式强调教师之间以团队为单位进行协作与评估。在这种模式下，教师团队共同制定教学目标、设计教学方案，并在实际教学中相互观摩、评课、反思。团队成员之间分工明确、责任共担，通过集体讨论和决策，共同改善教学效果。

2. 实施方法

组建教师团队：根据学科领域、年级段或教学特色等因素，组建教师团队。确保团队成员在知识结构、教学经验等方面具有一定的互补性。

制订合作计划：明确团队的合作目标、任务分配、时间安排等，确保评估合作的有序进行。

开展教学观摩：团队成员之间相互观摩课堂教学，记录教学过程中的亮点和不足，为后续评课和反思提供依据。

组织评课与反思：课后组织团队成员进行评课和反思，针对教学观摩中发现的问题和不足，提出改进建议。

总结与分享：定期总结评估合作的经验和成果，通过教师会议、教学研讨会等形式进行分享和交流。

3. 优点与意义

基于团队的评估合作模式能够充分发挥教师团队的集体智慧和力量，教师们可通过团队协作和互补，共同改善教学效果。同时，这种合作模式有助于培养教师的团队合作精神和集体荣誉感，增强教师之间的凝聚力。

（二）师徒制评估合作模式

1. 模式描述

师徒制评估合作模式是指通过新老教师结对子的方式，由经验丰富的教师指导新教师进行教学和评估。

在这种模式下，有经验的教师将自己的教学经验和智慧传授给新教师，可以帮助新教师快速成长。

2. 实施方法

确定师徒关系：根据教师的年龄、教学经验等因素，确定师徒关系。确保每位新教师都能得到一位经验丰富的教师的指导。

制订师徒计划：明确师徒双方的合作目标、任务分配、时间安排等，确保师徒制评估合作的有序进行。

开展教学观摩与指导：有经验的教师定期观摩新教师的课堂教学，并针对教学中存在的问题和不足提出建议。

定期交流与反馈：师徒双方定期进行交流与反馈，总结教学经验和教训，共同提高教学效果。

成果展示与分享：鼓励师徒双方将合作成果进行展示和分享，以激励更多教师参与师徒制评估合作。

3. 优点与意义

师徒制评估合作模式能够充分利用老教师的丰富经验和智慧，帮助新教师快速成长。同时，这种合作模式有助于加强教师之间的交流与沟通，形成良好的教学氛围和团队文化。

（三）同行评议评估合作模式

1. 模式描述

同行评议评估合作模式是指教师之间通过相互评议和反馈的方式进行教学评估。在这种模式下，教师们可以相互观摩课堂教学、评课、反思，并提出改进建议。

2. 实施方法

确定评议对象：根据教学计划和安排，确定需要接受评议的教师和课程。

组织观摩与评课：组织教师们相互观摩课堂教学，并进行评课和反思。确保评课过程公正、客观、有针对性。

收集与整理反馈：收集教师们的评议意见和建议，并进行整理和归纳。确保反馈信息的准确性和完整性。

反馈与改进：将整理好的反馈信息及时反馈给被评议的教师，并鼓励其进行改进和调整。

3. 优点与意义

同行评议评估合作模式能够充分利用教师之间的专业知识和经验进行教学评估，确保评估结果的公正性和客观性。同时，这种合作模式有助于促进教师之间的交流和合作，形成良好的教学氛围和团队文化。

（四）跨学科评估合作模式

1. 模式描述

跨学科评估合作模式是指不同学科教师之间进行合作与评估，共同探索跨学科教学的方法和策略。在这种模式下，教师们可以相互学习，借鉴不同学科的教学经验和资源，推动跨学科教学的发展。

2. 实施方法

确定跨学科合作项目：根据学校的教学计划和安排，确定需要开展跨学科合作的项目和课程。

组建跨学科合作团队：根据项目的需要，组建由不同学科教师组成的跨学科合作团队，确保团队成员在知识结构、教学经验等方面具有一定的互补性。

开展跨学科教学设计：团队成员共同研究教材、分析学生需求、设计跨学科教学方案，确保教学方案符合跨学科教学的特点和要求。

实施跨学科教学：按照设计好的教学方案进行跨学科教学，并促进教师在实际教学中相互观摩、评课、反思。

总结与分享：定期总结跨学科教学的经验和成果，通过教师会议、教学研讨会等形式进行分享和交流。

3. 优点与意义

跨学科评估合作模式能够充分利用不同学科教师的专业知识和经验进行教学设计，推动跨学科教学的发展。同时，这种合作模式有助于培养学生的跨学科思维和能力，提高其综合素质和竞争力。

三、评估合作中的信息共享

（一）重要性

1. 背景介绍

在信息爆炸的时代，教育领域的知识、经验、资源等不断更新和丰富。教师之间的评估合作离不开有效的信息共享。信息共享不仅有助于教师及时了解最新的教育理念、教学方法和教学资源，还能促进教师之间的交流与协作，共同提升教学质量。

2. 信息共享的作用

更新教育观念：通过信息共享，教师可以及时了解国内外最新的教育动态和研究成果，从而更新自己的教育观念，跟上时代的步伐。

丰富教学资源：信息共享为教师提供了丰富的教学资源，如课件、教案、试题等，有助于教师更好地备课和上课。

促进交流与合作：信息共享是教师交流与合作的重要桥梁，有助于教师之间建立紧密的合作关系，共同解决教学中的问题。

3. 深入分析

信息共享对于教师评估合作的重要性不言而喻。它不仅能够提高教师的教学水平,还能够推动整个教育事业的进步。因此,我们应该高度重视信息共享工作,采取有效的措施来保障信息共享的顺畅进行。

(二)途径与方式

1. 途径介绍

网络平台:学校官网、教师论坛、社交媒体等为教师提供了便捷的信息共享平台。教师可以通过这些平台分享自己的教学经验和资源,也可以浏览和下载其他教师分享的内容。

线下交流:教师会议、教学研讨会、听课评课等为教师提供了面对面的信息共享机会。教师可以通过这些活动直接与其他教师交流心得和体会,共同探讨教学问题。

2. 方式选择

主动分享:教师应该积极分享自己的教学经验和资源,为其他教师提供有价值的参考。同时,教师要尊重他人的知识产权,合理引用和分享他人的成果。

积极参与:教师应该积极参与各种信息共享活动,如发布文章、评论、回复等。通过积极参与,教师不仅可以提高自己的知名度,还能够结交更多志同道合的朋友。

3. 深入分析

不同的信息共享途径和方式各有优缺点。网络平台具有便捷、快速的特点,但也可能存在信息质量参差不齐的问题;线下交流则更加直接、深入,但时间和地点可能会受到一定的限制。因此,在选择信息共享的途径和方式时,教师应该根据自己的实际需求和情况做出合理选择。

(三)障碍与解决方案

1. 障碍分析

信息孤岛:部分教师可能存在信息闭塞的情况,无法及时获取最新的教育动态和资源。

知识产权保护:在信息共享过程中,如何保护教师的知识产权是一个重要问题。

技术壁垒：部分教师可能由于技术能力不足而无法有效地参与信息共享活动。

2. 解决方案

加强宣传推广：加大宣传推广力度可以提高教师对信息共享的重视程度和参与意识。

完善知识产权制度：建立健全的知识产权保护制度，确保教师的劳动成果得到应有的尊重和保护。

提供技术支持：为学校提供必要的技术支持和培训服务，帮助教师提高信息共享能力。

3. 深入分析

信息共享中的障碍是多方面的，需要我们从多个角度进行分析和解决。只有克服了这些障碍，才能确保信息共享的顺畅进行，为教师的评估合作提供有力支持。

（四）未来发展

1. 趋势预测

随着信息技术的不断发展和普及，信息共享将会越来越便捷和高效。我们可以预见，未来，更多的教师能够通过网络平台等渠道获取到更加丰富、优质的教育资源；同时，随着大数据、人工智能等技术的应用，信息共享将会更加智能化和个性化。

2. 挑战与机遇

在信息共享的发展过程中，我们也将面临一些挑战和机遇。例如，如何确保信息的质量和真实性、如何保护教师的知识产权、如何充分利用新技术推动信息共享等。这些挑战和机遇都需要我们不断探索和实践。

3. 深入分析

信息共享的发展充满了无限可能。我们应该积极应对挑战、把握机遇，努力推动信息共享向更高水平、更深层次发展。只有这样，才能为教师的评估合作提供更加坚实有力的支持。

四、评估合作中的冲突解决

（一）冲突的识别与认知

1. 冲突的定义与分类

在教育评估合作中，冲突是指不同个体或团队之间由于目标、利益、观念或行为方式的不一致而产生的矛盾或对立状态。冲突可以分为显性冲突和隐性冲突，前者表现为直接的言语或行为对立，后者则可能隐藏在表面的和谐之下。

2. 冲突识别的重要性

及时识别冲突对于解决冲突至关重要。只有准确识别冲突的存在和性质，才能有针对性地采取措施，避免冲突升级或影响合作关系的稳定。

3. 冲突认知的维度

原因分析：深入了解冲突产生的根本原因，如沟通不畅、利益分配不均、文化差异等。

影响评估：评估冲突对合作关系、团队氛围、工作效率等方面的影响，以便制定有效的解决方案。

4. 深入分析

在评估合作中，冲突是不可避免的，而关键在于如何正确识别冲突，并深入分析其产生的原因和造成的影响。通过增强对冲突的认知，我们可以更好地应对和解决冲突，维护合作关系的稳定。

（二）冲突的解决策略与方法

1. 冲突的解决策略

沟通协商：通过有效的沟通，增进彼此的了解，寻求共识和妥协。

调解仲裁：引入第三方进行调解或仲裁，协助双方达成解决方案。

避免与回避：在冲突初期，通过暂时回避或转移话题，避免冲突升级。

竞争与强制：在必要时，可以通过竞争或强制手段解决冲突，但这种方式可能会损害合作关系。

2. 冲突的解决方法

明确目标：在解决冲突时，首先要明确合作的目标和共同利益，以此为基础寻求解决方案。

倾听与理解：倾听对方的观点和诉求，理解对方的立场和感受，有助于增进双方的理解和信任。

寻求共赢：在解决冲突时，要寻求双方都能接受的解决方案，实现共赢和共同发展。

3. 案例分析

通过分析具体的冲突案例，探讨不同的解决策略和方法的适用性与效果，为实际解决冲突提供参考和借鉴。

4. 深入分析

在评估合作中，选择合适的冲突解决策略和方法至关重要。不同的策略和方法适用于不同的冲突情境和关系类型。因此，我们需要根据具体情况灵活地运用各种策略和方法，以达到最佳的解决效果。

（三）冲突解决中的沟通与协商

1. 沟通的重要性

在解决冲突的过程中，沟通是关键环节。有效的沟通可以增进双方了解、消除误解、建立信任，为解决冲突创造有利条件。

2. 协商技巧

积极倾听：在协商过程中，要积极倾听对方的观点和诉求，不打断对方的发言。

表达清晰：清晰、明确地表达自己的观点和诉求，避免使用模糊或攻击性的语言。

寻求共识：在协商过程中，要寻求双方都能接受的解决方案，实现共赢和共同发展。

3. 沟通技巧的培养

通过培训和实践，提高教师的沟通技巧和协商能力，为冲突的解决提供有力支持。

4. 深入分析

在冲突解决中，沟通与协商是不可或缺的环节。只有通过有效的沟通和协商，才能找到双方都能接受的解决方案，和平解决冲突。因此，我们需要高度重视沟通与协商在解决冲突中的作用，并不断提升自己的沟通和协商能力。

（四）冲突解决后的关系修复与维护

1. 关系修复的必要性

冲突解决后，及时修复受损的合作关系至关重要。修复关系可以消除双方之间的隔阂和误解，恢复合作关系的稳定性和信任度。

2. 关系修复的方法

道歉与谅解：在冲突解决后，及时向对方道歉并表达谅解之情，有助于消除双方之间的负面情绪。

建立信任：通过共同完成任务、分享资源等方式，增进双方之间的了解和信任。

加强沟通：在冲突解决后，加强双方之间的沟通和交流，及时了解彼此的需求和期望，避免再次发生类似冲突。

3. 关系维护的策略

建立长效机制：通过制定合作规则、建立沟通渠道等方式，确保合作关系的稳定和持续发展。

关注双方利益：在合作过程中，关注双方的利益和需求，实现共赢和共同发展。

定期评估与反馈：定期对合作关系进行评估和反馈，及时发现问题并采取措施加以解决。

4. 深入分析

冲突解决后的关系修复与维护是确保合作关系长期稳定发展的关键。只有通过及时修复受损的关系并加强维护，才能确保合作关系的稳定性和持久性。因此，在冲突解决后，我们需要重视关系修复与维护的工作，并采取有效的措施加以实施。

第三节　学校与家长在评价中的合作

一、家长参与评价的重要性

（一）有助于全面了解学生

家长作为孩子成长过程中的重要陪伴者，对孩子的性格、兴趣、习惯等方面有着深入的了解。家长参与评价，可以提供学生在家庭环境中的整体表现、进步与不足等信息，使学校对学生的了解更加全面。这种全面的了解有助于学校更准确地评估学生的综合素质，制订更具针对性的教育方案。

首先，家长参与评价能够揭示学生在学校以外的生活状态。学生在家庭中的行为举止、情绪状态、社交能力等，都是评价学生综合素质的重要方面。家长的评价可以弥补学校评价的不足，使评价结果更加全面、客观。

其次，家长参与评价有助于发现学生的潜在问题。在家庭环境中，家长更容易观察到学生的行为变化和心理状态。通过家长的评价，学校可以及时发现学生的潜在问题，如学习压力、心理问题等，从而及时采取措施进行干预和辅导。

（二）有助于提升教育质量

家长参与评价，不仅可以提供宝贵的评价信息，还能对学校的教育工作产生积极的推动作用。家长的参与可以激发教师的教育热情，提高教师的专业素养，进而提升教育质量。

首先，家长的评价是对教师工作的一种监督和激励。家长的评价反映了家长对教师工作的认可程度，对教师的工作态度、教学方法、教学效果等方面进行评价，可以激发教师的教育热情，促使教师更加努力地工作，提高教育质量。

其次，家长参与评价有助于促进教师的专业成长。家长的评价可以为教师提供反馈和建议，帮助教师发现自己的不足和问题，从而使教师有针对性地进行改进和提高。这种反馈和建议有助于教师不断反思和提升自己的专业素养，进而提高教育质量。

（三）有助于增强学生的自我认知

家长参与评价可以为学生提供更多的反馈和建议，帮助学生更好地认识自己的优点和不足，从而增强学生的自我认知和自我提升能力。

首先，家长的评价可以让学生更加全面地认识自己。家长的评价不仅关注学生的学习成绩，还关注学生的行为习惯、兴趣爱好、社交能力等方面。这种全面的评价可以让学生更加全面地认识自己的优点和不足，从而有针对性地进行改进和提高。

其次，家长的评价可以激发学生的自信心和积极性。家长的评价往往带有一定的情感色彩，能够让学生感受到家长的关爱和支持。这种关爱和支持可以激发学生的自信心和积极性，让学生更加努力地学习和成长。

最后，家长的评价还可以帮助学生建立正确的价值观。家长的评价反映了家长对学生的期望和要求，可以帮助学生建立正确的价值观和目标追求。这种价值观的建立有助于学生的长远发展。

（四）有助于构建和谐的家校关系

家长参与评价可以加强家校之间的沟通和理解，促进家校之间的合作和共育，从而构建和谐的家校关系。

首先，家长参与评价可以加强家校之间的沟通和理解。家长的评价反映了家长对学校教育工作的期望和关注，有助于学校了解家长的需求和意见。通过家长的评价，学校可以及时调整自己的教育策略和方法，更好地满足家长和学生的需求。

其次，家长参与评价可以促进家校之间的合作和共育。家长的评价可以为学校提供宝贵的资源和支持，如家庭教育经验、社会资源等。这些资源和支持有助于学校更好地开展教育工作，提高学生的综合素质。同时，家长可以通过参与评价来了解学校的教育工作和学生的成长情况，从而更好地配合学校的教育工作。

最后，家长参与评价还可以增强家长对学校的信任和支持。家长的评价反映了家长对学校教育工作的认可程度和支持力度。通过家长的评价，学校可以展示自己的教育成果和特色优势，增强家长对学校的信任和支持。这种信任和支持有助于构建更加和谐的家校关系。

二、学校与家长的合作模式

（一）沟通渠道的建立与维护

在学校与家长的合作中，建立和维护有效的沟通渠道是至关重要的。这不仅有助于双方及时交流信息，还能促进彼此之间的理解和信任。

首先，学校应建立多种沟通渠道，如家长会、家长学校、家长热线、网络平台等，以满足不同家长的需求和习惯。这些渠道应确保信息的及时性和准确性，以便家长能够随时了解学生的学习情况和学校的教育动态。

其次，学校应加强对沟通渠道的维护和管理。这包括定期更新信息、及时回复家长的咨询和反馈、处理家长的投诉和建议等。通过积极维护沟通渠道，学校能够树立良好的形象，增强家长的信任感和满意度。

最后，学校还应鼓励家长主动参与沟通。例如，学校可以邀请家长参与学校活动的策划和组织，或者让家长成为学校教育的志愿者。这样不仅能够增强家长对学校的认同感和归属感，还能为学校争取更多的资源和支持。

（二）合作内容的明确与拓展

学校与家长的合作内容应该明确且多样化，以满足学生的全面发展需求。

首先，学校应明确家长在学生学习方面的合作内容。例如，家长可以协助学生完成作业、监督学生的学习进度、提供学习资源等。同时，学校应为家长提供必要的指导和支持，如定期发布学习指南、提供学习辅导资源等。

其次，学校应拓展家长在学生成长方面的合作内容。除了学习方面，学生的心理健康、兴趣爱好、社交能力等方面也需要家长的关注和参与。学校可以组织相关活动，如心理健康讲座、兴趣小组、社会实践等，让家长有机会参与学生的成长过程。

最后，学校还可以与家长共同开展一些社区服务项目或公益活动，让学生在实践中锻炼自己的能力和品质。这样不仅能够增强学生的社会责任感和公民意识，还能促进家校之间的深度合作和共赢。

（三）合作机制的完善与创新

为了确保学校与家长合作的顺利进行，学校需要建立一套完善的合作机制，并不断进行创新和改进。

首先，学校应建立明确的合作制度和规范。这些制度和规范应明确双方的权利和义务、合作的目标和任务、合作的流程和方式等。明确的制度和规范可以确保双方的合作有序进行，减少不必要的误解和纠纷。

其次，学校应加强对合作机制的创新和改进。随着社会的发展和教育的变革，学校与家长的合作也需要不断适应新的需求和挑战。因此，学校应积极探索新的合作方式和手段，如利用互联网和大数据技术、开展线上家长会等。

最后，学校还应加强对合作机制的监督和评估。通过对合作机制的监督和评估，学校可以及时发现合作机制问题和不足，并采取相应的措施进行改进和优化。这样可以确保合作机制的有效性和可持续性。

（四）合作文化的培育与传承

在学校与家长的合作中，培育和传承合作文化是非常重要的。这种文化可以激发双方的合作意愿和动力，促进双方的共同成长和发展。

首先，学校应加强对合作文化的宣传和教育。宣传和教育可以让家长和学生更加深入地了解合作的重要性和意义，从而增强他们的合作意识和能力。

其次，学校应树立榜样和典型。表彰和奖励那些在合作中表现突出的家长和学生，可以激发更多人的积极性和创造力，形成浓厚的合作氛围。

最后，学校应加强对合作文化的传承和发展。合作文化不是一蹴而就的，需要长期的积累和发展。因此，学校应将其纳入校园文化建设，通过各种活动和形式进行传承和发展。这样可以确保合作文化的持久性和生命力。

三、家长参与评价的途径与方式

（一）日常交流与反馈

日常交流与反馈是家长参与评价最直接、最便捷的途径与方式。通过日常与教师的交流，家长能够及时了解孩子在学校的学习和生活情况，同时也能向教师反馈孩子在家的表现，从而共同评价孩子的成长。

首先，家长可以通过电话、短信、微信等即时通信方式与教师保持密切的联系。教师可以定期向家长汇报孩子在学校的表现和进步，家长则可以随时向教师反馈孩子在家的学习情况、行为习惯等。这种日常的、频繁的交流，有助于双方及时了解孩子的最新动态，从而共同做出更准确的评价。

其次，家长还可以通过参加家长会等集体活动，与教师进行面对面的交流。在家长会上，教师可以向家长详细地介绍学校的教育理念和教学方法，同时可以就孩子的具体情况与家长进行深入探讨。这种面对面的交流方式能够更直接地传达信息，也更容易引起家长的共鸣和支持。

最后，家长还可以通过填写调查问卷等方式，向学校提供关于孩子学习和成长的反馈。学校可以根据这些反馈，及时调整教学策略和方法，以更好地满足学生的需求。

（二）参与学校组织的评价活动

学校可以定期组织一些评价活动，如学生综合素质评价、家长满意度调查等，家长可以积极参与这些活动，为学校提供宝贵的评价信息。

首先，家长可以积极参与学生综合素质评价。这种评价通常包括学生的学业成绩、品德行为、兴趣爱好等方面。家长可以通过填写评价表、撰写评价报告等方式，为孩子提供全面的评价信息。这些信息有助于学校更全面地了解孩子的情况，从而制定更具针对性的教育方案。

其次，家长还可以参与家长满意度调查。这种调查通常包括对学校的教育质量、教师的教学水平、学校的环境设施等方面的评价。家长可以通过填写问卷、发表意见等方式，为学校提供宝贵的反馈和建议。这些反馈和建议有助于学校改进教育管理和提高教育质量。

（三）利用网络平台进行评价

随着互联网技术的不断发展，越来越多的学校开始利用网络平台让家长参与评价。这种评价方式具有便捷、高效、互动性强等优点。

首先，学校可以建立家校互动平台或学校网站等网络平台，让家长可以随时了解孩子在学校的学习和生活情况。同时，家长可以通过这些平台向学校提供关于孩子学习和成长的反馈和建议。

其次，学校还可以利用网络平台开展在线评价活动。例如，学校可以设计在线评价问卷或评价系统，让家长通过填写问卷或参与系统评价的方式，为学生的学习和成长提供评价信息。这种评价方式不仅具有便捷性，还能提高评价的准确性和客观性。

（四）建立家长评价委员会

建立家长评价委员会是家长参与评价的一种重要方式。这种委员会通常由一些热爱教育、关心孩子成长的家长组成，他们可以定期对学校的教育工作进行评价和监督。

首先，家长评价委员会可以通过开展各种评价活动，如听课评课、检查作业、参与考试监考等，对学校的教育质量进行监督和评价。这些活动有助于发现学校在教育过程中存在的问题和不足，从而提出改进意见和建议。

其次，家长评价委员会还可以为学校提供关于孩子学习和成长的反馈与建议。他们可以通过与教师的交流、与孩子的沟通等方式，了解孩子在学校和家中的表现情况，从而提出更具针对性的建议。这些建议有助于学校更好地满足孩子的需求和提高教育质量。

总之，家长参与评价的途径与方式是多种多样的。通过日常交流、参与评价活动、利用网络平台进行评价以及建立家长评价委员会等方式，家长可以为孩子的成长和学校的教育工作提供宝贵的支持和帮助。

四、加强学校与家长合作的策略

（一）建立互信互敬的家校关系

要加强学校与家长的合作，首先必须建立互信互敬的家校关系。这种关系需基于双方的尊重、理解和信任，需能够消除沟通障碍，促进双方的合作意愿。

为了建立互信互敬的家校关系，学校可以采取以下措施：

定期与家长进行沟通。学校可以定期通过家长会、家访、电话等方式与家长保持联系，了解学生在家的学习和生活情况，同时向家长介绍学校的教育理念和教学计划。

尊重家长的意见和建议。学校应该重视家长的反馈，认真地分析和处理家长的意见和建议，及时回应家长的关切。

展示学校的教育成果。学校可以通过展示学生的学习成果、活动照片、获奖情况等方式，让家长了解学校的教育质量和学生的进步，增强家长对学校的信任。

家长也可通过以下方式积极与学校建立互信互敬的关系：

积极参与学校活动。家长应积极参加学校的各种活动，如家长会、亲子活动等，以增进对学校的了解和支持。

尊重学校的教育决策。家长应尊重学校的教育决策和教学计划，避免过度干预学校的教育工作。

提供积极反馈。家长应向学校提供积极的反馈和建议，帮助学校提高教育质量。

（二）明确家校合作的目标和职责

家校合作需要有明确的目标和职责分工，以确保双方的合作能够高效、有序地进行。

学校应明确自身在家校合作中的职责，如提供教育资源、组织教育活动、指导家庭教育等。同时，学校应制定明确的教育目标和计划，向家长传达学校的教育理念和教育期望。

家长在家校合作中也有着重要的职责，如参与孩子的学习和生活、协助学校教育、提供家庭教育支持等。家长应积极参与学校的各项活动和计划，与学校共同关注孩子的成长和发展。

（三）加强家校沟通渠道的建设

加强家校沟通渠道的建设是加强学校与家长合作的重要手段。学校应建立多样化的沟通渠道，以满足不同家长的需求和习惯。

学校可以利用社交媒体等新型沟通工具，与家长保持密切联系。这些工具具有便捷、高效的特点，能够及时传递信息并促进双方的互动。

（四）开展家校合作活动

开展家校合作活动是加强学校与家长合作的有效途径之一。这些活动能够增进双方的了解和信任，促进双方的共同成长和发展。

学校可以组织各种形式的家校合作活动，如亲子运动会、文化艺术节、社会实践活动等。这些活动能够让家长和孩子共同参与其中，增进彼此的了解和感情。同时，这些活动能够让家长了解学校的教育理念和教学方法，提高家长对学校的认同感和支持度。

此外，学校还可以与家长共同开展一些社区服务项目或公益活动。这些活动不仅能够锻炼学生的社会责任感和公民意识，还能够促进家校之间的深度合作和共赢。通过这些活动，家长和学校能够共同为孩子的成长和发展贡献力量。

参考文献

[1] 田方，徐丽丽，吕仁顺.教育教学管理[M].天津：天津科学技术出版社，2021.

[2] 蔡沐禅.综合素质教育教学设计[M].北京：中国原子能出版社，2020.

[3] 严瑞芳.远程教育教学模式改革与教学团队建设研究[M].北京：北京工业大学出版社，2023.

[4] 郑盛娜.智能时代学前教育创新与教学质量评价研究[M].北京：中国原子能出版社，2023.

[5] 殷永林.知与行：高等教育教学管理探索与实践论集[M].昆明：云南大学出版社，2010.

[6] 张露汀，杨锐，郑寿纬.高校教育教学创新研究[M].长春：吉林人民出版社，2021.

[7] 钟桂英，刘威，詹晓东，等.发展性高职教育教学评价[M].北京：中国轻工业出版社，2011.

[8] 张清，张雪，赵兰香.课堂教学设计与教育评价[M].长春：吉林人民出版社，2022.

[9] 韩志伟，王文博.高职教育教学评价：理论·评价体系·量化技术[M].北京：兵器工业出版社，2006.